Stefano Caprio

A mística da nova Roma

Stefano Caprio

A mística da nova Roma

ScienciaScripts

Imprint

Any brand names and product names mentioned in this book are subject to trademark, brand or patent protection and are trademarks or registered trademarks of their respective holders. The use of brand names, product names, common names, trade names, product descriptions etc. even without a particular marking in this work is in no way to be construed to mean that such names may be regarded as unrestricted in respect of trademark and brand protection legislation and could thus be used by anyone.

Cover image: www.ingimage.com

This book is a translation from the original published under ISBN 978-620-2-06899-4.

Publisher:
Sciencia Scripts
is a trademark of
Dodo Books Indian Ocean Ltd. and OmniScriptum S.R.L publishing group

120 High Road, East Finchley, London, N2 9ED, United Kingdom
Str. Armeneasca 28/1, office 1, Chisinau MD-2012, Republic of Moldova, Europe
Printed at: see last page
ISBN: 978-620-8-23440-9

Índice

CAPÍTULO 1

O CONTO DE SVETOMIR, O PRÍNCIPE: MITO E PENSAMENTO TEOLÓGICO.

Stefano Caprio, 04.05.2016 - Pontifício Instituto Oriental

Não é fácil definir a obra e a personalidade de um autor tão multifacetado e versátil como Vyacheslav Ivanov, que viveu na viragem de dois séculos e de grandes mudanças no seu país e no mundo, tão profundamente ligado à sua terra, mas tão geneticamente aspirante às esferas do mais vasto e do universal, como testemunha, não por acaso, o próprio tema da conferência internacional no Pontifício Instituto Oriental, *Dialética do universal/temporal (histórico) em Vyacheslav Ivanov e nos seus contemporâneos.* Um mestre da palavra russa e um poliglota como poucos, fundador do movimento simbolista de base filosófica, capaz ao mesmo tempo de se distanciar dos simbolistas em nome do realismo absoluto, um pensador religioso na fronteira entre a dogmática escolástica e o sincretismo mitológico, um russo europeu como há poucos, defensor da unidade espiritual das fés cristãs do Oriente e do Ocidente, das culturas antigas e modernas, dos mais diversos géneros de arte e de expressão, Vyacheslav "o Magnífico", como lhe chamou Gershenzon na sua *Correspondência de Dois Cantos*, pode parecer a alguns um génio incompreendido, a outros um talento inacabado, ou um profeta inaudito que guarda ainda muitos segredos.

A vida intelectual do poeta e pensador russo teve muitos caminhos percorridos e pontos de viragem. Aluno de Vladimir Soloviev, na sua juventude parecia ansioso por assimilar a totalidade do conhecimento humanístico, estudando o passado com Theodor Mommsen, "o maior mestre da exposição histórica", como se afirma na justificação do Prémio Nobel que lhe foi atribuído pela sua História de Roma, de grande importância para o próprio Ivanov. Os seus estudos sobre a antiguidade grega e romana são provavelmente o seu legado mais valioso, pois Ivanov não se limitou ao comentário e à explicação, mas, penetrando como um dos protagonistas no interior de um símbolo ou mito arcaico, pôde mostrar dimensões e espaços universais, transversais e sempre novos. Ivanov não tentou preservar ou melhorar os vestígios antigos e nobres de tempos irremediavelmente perdidos, mas, por sua própria iniciativa, tomou as suas formas e energias, descobrindo que, sob a máscara do poder, da religião e da política, da cultura e da guerra, dos anjos e dos demónios, desde a criação do mundo e mesmo antes, existem espaços da alma que interagem com os destinos dos povos, das nações e dos deuses.

Nascido na fé ortodoxa, passou toda a sua vida numa busca incessante da verdade de outras fés, até que a sua entrada solene na Igreja Romana proclamou a verdade suprema da fé universal e, portanto, "católica", capaz de salvar, purificar e aperfeiçoar todas as aspirações espirituais, de completar o processo de amadurecimento do organismo interior do homem e do mundo, de respirar "com os dois pulmões", como ele disse na fórmula ecuménica que ganhou reconhecimento mundial. Ivanov foi contemporâneo do ecletismo religioso, que, das suas raízes gnósticas e maçónicas, produziu o "ateísmo devoto" e a escatologia marxista de Feuerbach, o cristomonismo existencial de Dostoiévski e a teoria mística nietzschiana do super-homem, até ao pacifismo populista de Tolstoi, talvez a religião mais difundida hoje em dia, nas suas muitas direcções e novas formulações.

A busca histórico-religiosa do final do século XIX foi provocada por uma crítica radical da religião e do cristianismo, proveniente da evolução da filosofia iluminista e do próprio historicismo hegeliano. Esta crítica foi levada ao extremo por Feuerbach em A *essência do cristianismo*, de 1841, e finalmente pela denúncia feroz de Nietzsche em *Anticristo*, escrito no final do século. Esta foi a condição prévia para o ateísmo militante dos regimes subsequentes, para a luta anti-clerical resoluta das ideologias dominantes na Europa e no mundo. O cristianismo, visto como a decadência do verdadeiro espírito humano, foi apresentado como o principal inimigo a destruir, como um travão ao progresso moral e intelectual, uma justificação para os regimes opressivos do passado. O desafio mais agudo encontrou a sua formulação na reflexão inicial de Friedrich Nietzsche sobre o *Nascimento da Tragédia,* concebida na fase "wagneriana" dos anos 70 e repetidamente retomada nos anos seguintes, até ao grito da *Merry Science* proclamando "a morte de Deus". Na leitura nietzschiana da cultura grega, a vitória do "moralismo" apolíneo sobre a criatividade "dionisíaca" tornou-se a categoria fundamental para a acusação do cristianismo, culpado de interiorizar a ditadura da lei religiosa sobre o espírito humano. O próprio filósofo declarou que o objetivo da sua crítica da Antiguidade grega era precisamente este:

"Talvez toda a profundidade desta inclinação anti-moral possa ser avaliada pelo silêncio diligente e hostil com que o cristianismo é tratado neste livro - o cristianismo como a apresentação mais desmedida e polifónica do tema moral que a humanidade alguma vez ouviu..... [1]Desde o início, essencialmente e fundamentalmente, o cristianismo foi cansaço e repugnância - experimentados pela vida a partir da própria vida, e apenas cobertos, e escondidos, e vestidos pela crença numa vida "diferente" ou "melhor".

---

[1] Friedrich Nietzsche, *La nascita della tragedia, ovvero grecità e pessimismo,* ed. italiana a cura di Paolo Chiarini con la collaborazione di Roberto Venuti, Laterza, Bari 2012 (7.ª ed.), p.11.

A superação do cristianismo, segundo Nietzsche, residia num regresso às verdadeiras potencialidades da natureza humana, nessa intuição estética que conduziria, em última análise, à teoria do *"Ubermensch"*.

"Assim, com todas as interrogações dúbias deste livro, o meu instinto, defensor da vida, voltou-se contra a moral, depois compôs para si próprio o seu contra-ensino de princípio, a sua contra-avaliação da vida: puramente artística, anti-cristã. Que nome lhe devemos dar? Sendo um filólogo, um homem de palavras, não deixo de ter uma certa liberdade - pois quem sabe o verdadeiro nome do Anticristo? [2]*- Baptizei-o com o nome de um deus grego: chamei-lhe Dionísio"* .

Na expressão dionisíaca da vontade humana, a arte é a verdadeira dimensão da sua busca de realização e de consciência de si, onde se confia mais no risco da auto-transcendência do que nas respostas éticas e religiosas:

"O dionisíaco ... é aquele horror colossal que se apodera do homem quando, de repente, lhe acontece duvidar das formas de conhecimento dos fenómenos, porque, segundo lhe parece, a lei da razão suficiente começa a sofrer uma exceção numa das suas formas. Se ao horror acrescentarmos também o êxtase do arrebatamento, que se eleva do mais íntimo fundamento do homem e mesmo de toda a natureza à vista da mesma destruição do principium individuationis, então, ao fazê-lo, lançaremos um olhar para dentro da essência do dionisíaco, cuja analogia mais próxima é uma ressaca. Quer sob a influência da bebida narcótica, de que todos os povos e nações primitivas falam em hinos, quer com a primavera, cuja poderosa proximidade permeia toda a natureza com as suas alegrias, os movimentos dionisíacos da alma despertam e, com o seu aumento, o subjetivo vai-se derretendo gradualmente, atingindo o mais pleno esquecimento de si.... [3]É imprudente afastar-se de tais fenómenos como se fossem epidemias na consciência da própria saúde - ao fazê-lo, eles deixam claro: são "saudáveis", as Musas sentadas na orla da floresta com Dionísio no meio fogem para o mato, ou mesmo para as ondas do mar, assim que um tal "Mestre da Base" aparece de repente diante delas" .

Recorremos a estas palavras inflamadas de Nietzsche, que remontam aos anos de infância de Ivanov, porque se tornaram para o poeta russo um desafio epocal ao qual dedicou a sua vida e as suas energias intelectuais. Como ele próprio escreve na sua *Carta Autobiográfica* de 1917 a Vengerov, na sua adolescência viveu uma crise de fé durante a qual

---

[2] *Ibid,* p. 12.
[3] Ibid., p.25.

"É digno de nota o facto de o meu amor por Cristo e os meus sonhos com Ele não se terem desvanecido, mas até se terem reavivado durante o período da minha impiedade. Ele foi também o protagonista dos meus primeiros poemas..... [4]*A paixão por Dostoiévski alimentou esta atração mística, que procurei conciliar com a negação filosófica da religião"* .

Ivanov saiu da sua crise de juventude com uma missão de vida que consistia precisamente na "reconciliação" do espírito e da razão. Ele compreendeu os fundamentos profundos da crítica nietzschiana, que foi tão profética que ainda hoje deixa a sua marca na consciência geral do fenómeno religioso: a fé não deve sufocar a liberdade, o homem moderno não pode continuar a aceitar a negação moralista do sentimento religioso. O amor apaixonado por Cristo, alimentado ainda pelas dúvidas e pela crítica filosófica, sugeriu a Ivanov uma nova manifestação do cristianismo, não contrária à tradição ou à teologia oficial, mas capaz de combinar as tendências niilistas com o reconhecimento da presença do divino, aliás, com a sua própria encarnação.

Depois de ter estudado e pesquisado a Antiguidade Clássica, Ivanov começou a descrever a *religião helénica do deus sofredor, a* fórmula através da qual pretendia encontrar uma ligação entre o paganismo helénico e o cristianismo. A tentativa de Ivanov de transformar a raiva nietzschiana em algo positivo é completamente original: a "religião de Dionísio", concebida pelo filósofo prussiano como um arquétipo do anticristianismo, torna-se para Ivanov uma profecia de um cristianismo mais autêntico e católico, universal e humanista. Em 1903, Ivanov deu um curso de conferências em Paris sobre o culto religioso de Dionísio, publicando depois ensaios sobre *"A religião helénica do deus sofredor"*, em 1904, e sobre *"A religião de Dionísio"*, em 1905, chegando assim a escrever, em 1921, a sua tese de doutoramento *"Dionísio e Pradionisismo"*, que foi publicada em Baku em 1923. Assim, o tema dionisíaco atravessa todo o período de sucessos e tragédias, desde os círculos literários e filosóficos que ganharam o nome de "Idade de Prata" e geraram um turbilhão de criatividade poética, filosófica e religiosa sem igual na história do espírito até à revolução apocalíptica de 1917, a mais séria tentativa do homem de redesenhar Deus e todas as formas de culto a Ele.

Ivanov levou consigo esta bagagem extraordinária e esta ferida sangrenta para o seu exílio romano voluntário, onde não só se distanciou da Rússia revolucionária, como também se distanciou de todo o mundo artístico e cultural russo, no seu país ou no exílio. Apesar da comunicação aberta com todos os que queriam obter dele respostas para as questões angustiantes desses anos terríveis e surpreendentes, viveu durante um

---

[4]Ver Shishkin, A., A Brief *Chronicle of the Life and Work of Vyacheslav Ivanov*, em v-ivanov.it.

quarto de século em Itália, primeiro em Pavia e depois em Roma, numa outra "torre" do espírito, na qual foi o espírito de Dionísio que o elevou até onde só alguns o podiam alcançar. Ivanov, como mentor histórico do Espiritualismo russo, não tentou combater o ateísmo soviético através de contrapropaganda, nem apoiou as tentativas dos seus amigos em Paris, Berlim ou na América de manter a bandeira da alma russa no exílio; depois da sua adoção do Catolicismo, não se envolveu de forma alguma em projectos católicos romanos para a "conquista" da Rússia, como o grande estratega d'Herbigny lhe tinha sugerido. O seu caminho para sair das trevas do niilismo ateu não podia ser dividido; passava pela transfiguração mitológica, pela aplicação de símbolos perdidos àquela realidade que devia renascer completamente. Foi a partir destes sentimentos que nasceu e se desenvolveu gradualmente a sua grande ideia: fundir a mitologia antiga com a alma russa, exprimir na forma arcaica a necessidade de uma nova vida, cruzar estilos e géneros literários para dar origem a um novo modelo de cristianismo universal. E esta ideia foi concretizada na forma épica do *Conto de Svetomir, o czarevitch*.

O poema é a última obra de Vyacheslav Ivanov, à qual se dedicou principalmente durante o período italiano da sua vida, a partir de 1928 e, sobretudo, durante os quinze anos (1936-1949) da sua última estadia em Roma, até à sua morte, ocorrida a 16 de julho de 1949, no seu apartamento no Aventino. O sentido profético desta obra é reforçado pelo facto de ter sido apresentada uma petição ao Papa Pio XI para financiar o trabalho do filósofo, a fim de lhe permitir concluir a sua última grande obra. Na petição ao Papa, o então Reitor do Russicum, P. De Régis, explica que a obra do filósofo foi financiada por um fundo de investimento. De Régis explicou que

"Ele [Ivanov] desejava publicar uma obra na qual, sob a forma de um conto ou de um romance, exprimiria toda a sua conceção da vida e da religião, e que seria um testamento espiritual proveniente da sua autobiografia. Esta obra teria tido uma grande ressonância na história do pensamento russo e estaria ligada ao livro de Vladimir Soloviev "A Rússia e a Igreja Universal".

Pio XI aprovou a concessão do salário regular atribuído a Ivanov como professor no Russicum e no Pontifício Instituto Oriental, permitindo-lhe não se preocupar com as necessidades materiais e levar a cabo a sua ambiciosa visão. A motivação da petição de De Régis é explicativa: Soloviev tentou interpretar a história do cristianismo e a história da Rússia, deduzindo daí uma espécie de programa de "teocracia livre", combinando o rigor do primado romano com a sobornost russa, uma comunhão vivida em liberdade. A sua adoção do catolicismo, que inspirou a decisão semelhante de Ivanov, exprimia o sentido desta síntese; o discípulo, por sua vez, cinquenta anos mais tarde, quis tentar apresentar o caminho da unidade universal que permitiria libertar a força "dionisíaca" da alma russa sobre o fundamento granítico do catolicismo "apolíneo" de Roma.

A tentativa de Soloviev desvaneceu-se, sem ser ouvida pela Igreja do Oriente ou do Ocidente, embora o Papa Leão XIII tenha expressado a sua aprovação das intenções do filósofo russo e possa ter-se inspirado nelas para formular os fundamentos da doutrina social da Igreja Católica. O desejo de Soloviev de unidade cristã foi assim elevado na visão apocalíptica final da famosa *Lenda do Anticristo*, onde os representantes sobreviventes das igrejas resistem aos encantos globalizantes de uma falsa religião universal. Em homenagem ao seu professor, Vyacheslav Ivanov decidiu recorrer à forma de "lenda" no seu *Conto*, que é também uma forma literária bastante invulgar, como o próprio autor admite na sua carta ao tradutor Von Geiseler: "O romance-lenda, tanto na forma como no conteúdo, é algo completamente novo, estilizado a partir da Idade Média e das hagiografias de santos.... [5]Quis transmitir um estilo de narração antigo, que inclui também um certo número de canções místicas à maneira popular". O objetivo era recriar a força do mito dionisíaco, mas numa forma que une a epopeia russa à história sagrada, uma linguagem transversal que exprime "a fronteira entre o feito pelo homem e o não feito pelo homem", como diz S. Averintsev. Averintsev, no seu prefácio à edição das obras de Ivanov, "a alma catedral do mundo é ontologicamente inferior ao Criador, mas superior a todas as forças privadas desligadas da unidade dos indivíduos, que estas almas assediam como falsos noivos, a começar pelos anjos caídos". Foi Averintsev, o verdadeiro herdeiro de Ivanov, que compreendeu o espírito da lenda de Ivanov, que consiste em reescrever os mitos cosmogónicos e soteriológicos do helenismo através de um prisma completamente original da alma russa.

De facto, a obra de Ivanov insere-se numa tendência literária e filosófica de grande envergadura do final do século XIX e início do século XX, iniciada por Nietzsche propriamente dito com o seu *Also sprach Zarathustra*, em que procurou exprimir conceitos filosóficos e espirituais profundos sob forma fantástica e narrativa, recorrendo à mitologia religiosa grega e persa. Um quadro de referência mais geral é, sem dúvida, o ciclo wagneriano *O Anel do Nibelungo, que* inspirou as histórias lendárias do *Senhor dos Anéis de* Tolkien *e das Crónicas* de *Nárnia* de Lewis, bem como a leitura bíblica de *José e os Seus Irmãos* de Thomas Mann, autores relacionados com Ivanov não só pela proximidade temporal, mas também pela sensibilidade pedagógica e narrativa. As personagens de Ivanov são, no entanto, estilizações evidentes dos heróis épicos da história russa, das crónicas antigas e das suas bylinas. É assim que começa o Conto, recordando os acontecimentos da antiga Rus de Kiev:

---

[5] *Carta ao tradutor von Geiseler*, 1930.

1,1;1-7

1 Começa a história de Svetomir, o czarevitch, filho de Vladyar, o czar:

2 No reino branco, o Estado cristão, reinava o rei Volodar.

3 Na sua mão o domínio foi estabelecido e engrandecido, e o seu domínio estendeu-se até ao oriente do sol, ao meio-dia, ao ocidente e à meia-noite de longe, e o seu nome encheu o universo;

4 e o povo trabalhava para o poder, e a terra suportava os encargos do reino.

5 E o soberano Volodar sentou-se em grande ruína e devastação, e defendeu a sua pátria dos opressores, e logo a elevou a uma glória maior,

6 Ele não herdou a mesa de seu pai, mas foi favorecido, mostrado e plantado pela graça de Deus, pela bênção da igreja e pela vontade de toda a terra,

7 os sinais revelados por Santo Egoriy, como líder no poder de Egoriy, da raiz do Guerreiro do Senhor; e a terra não se envergonhou da esperança.

8 E antes disso, a vida de Volodarev era a seguinte.

Também menciona conflitos entre antigos principados e o início incerto do estabelecimento do cristianismo nas terras russas:

1, П, 1-2

1 A memória está viva no mundo: Egorius, o Bravo, tinha seis irmãs da floresta, e o seu irmão natural iluminou-as com a luz de Cristo nas trevas da ignorância.

2 Os seus filhos e netos, mais do que a instrução maternal dos seus pais e avós, entregaram-se à maldade e ao encantamento, apostataram da santa fé, com exceção de um confessor de Cristo, e esse foi martirizado na sua juventude, foram possuídos por uma fúria fratricida, e nas lutas internas uns dos outros não se erradicaram.

Neste contexto lendário-histórico, desenvolve-se o ciclo teológico-mítico de Svetomir, que percorre um caminho catafático e desvendador através das etapas de morte e ressurreição, revolução e restauração da ordem natural, sempre em torno da identidade do tsarevitch e da sua alma feminina, encarnada na figura da mulher mãe-filha-santa e, finalmente, na fusão do masculino e do feminino. Todo o poema é construído em torno da tripla figura do pai Lázaro, que se transforma em Vladyar e finalmente dá à luz o seu filho Svetomir, na alegoria trinitária de Pai-Espírito e Filho, acompanhada pela sobreposição de duas figuras femininas (Sophia de Solovyev) Gorislava e Otrada, e finalmente na síntese do próprio Svetomir como czar/rainha. O exemplo supremo da reelaboração do mistério pascal e batismal por Ivanov é a morte de Gorislava, que dá à luz Otrada na "Chave de Egor", que recorda o Batismo da Rus' no Dnieper:

I, XIX

1 Gorislava foi a Egor's Key e rezou na cruz por cima da krinitsa.

2 E quando rezava, sentiu que a sua hora estava a chegar, e abraçou a cruz com as mãos, ajoelhando-se; e as dores do parto apoderaram-se dela, mas ela não largou a cruz das suas mãos, e à medida que a agarrava, segurava-a cada vez com mais força, até que depois de uma breve agonia se libertou do fardo.

3 E, tendo dado à luz uma filha, levantou-se da cruz com grande força, lavou a criança com água do cemitério e, tendo levantado um trabalho exorbitante, e não olhando para o cansaço da morte, levou a criança recém-nascida a Vasilisa e colocou-a nos seus braços,

4 Ela própria foi para a cama, com o corpo exausto até à exaustão, mas a sua alma ressuscitou. E, exultando levemente, disse, vencendo o cansaço da carne, sobre a criança: "Nasceu a minha alegria.

5 E chamaram à filha de Simeão e Gorislava, no santo batismo, Euphrosinia, que significa: alegria; e sempre a chamaram Otrada.

6 E quando Joy foi baptizada, um anjo pacífico veio à cabeceira de Gorislava e tirou-lhe a alma da boca.

7 A alegria nasceu sob o Salvador da Maçã, e sob o dia da Dormição enterraram Gorislava; e deitaram-na, de acordo com a sua mortificação, no carvalho reservado de Egor'eva.

O novo nascimento do eternamente feminino, Sophia, que revive a imagem de Deus no homem, está próximo das visões místicas de Vladimir Soloviev; na "lenda" de Vyacheslav Ivanov, torna-se uma nova profecia de vida e ressurreição. Ultrapassando a "fadiga mortal", um fenómeno mais caraterístico da modernidade do que nunca, o poeta apela à proclamação da alegria da identidade encontrada, da unidade do humano com o divino, da pequena natureza do indivíduo com a comunhão universal das forças celestes.

Ivanov não é, portanto, apenas o expoente de uma esplêndida síntese das numerosas tendências do Simbolismo Russo da Idade de Prata. Ele pode muito merecidamente ser classificado entre o círculo restrito dos "teólogos russos", aquele grupo surpreendente de pensadores e visionários que extraíram da contaminação muito especial de géneros típicos da alma russa a inspiração para uma nova leitura de todo o ensinamento cristão. Solov'ev foi o primeiro, depois de ter tentado penetrar no "jardim fechado" da teologia académica russa na Academia de Moscovo, a dirigir-se a toda a Rússia, viajando para S. Petersburgo, a cidade do ambíguo destino escatológico do império, e produzindo aquelas surpreendentes *Leituras sobre o Homem-Deus* (1877-1881) que tanto chocaram o velho profeta Dostoiévski que este usou Solov'ev como protótipo do seu último mensageiro, o "monge no mundo", Alyosha Karamazov. Nas suas *Leituras, o* jovem filósofo retoma resolutamente a tradição teológica dos primeiros concílios e as suas definições intocáveis, em particular a união das duas naturezas de Cristo proclamada em Calcedónia, para formular a sua visão do universalismo cristológico, encerrando assim a reflexão eslavófila sobre a *Alleinheit de* Schelling. Segundo Solovyov, há dois tipos de unidade em cada organismo, a unidade ativa de Theandria, que é a criação do Logos, Aquele que atrai para si, e a unidade passiva, feminina, de Sophia, o reflexo da divindade na relatividade da matéria. Este organismo realiza-se na história através de um processo de união que cria a Igreja, "a humanidade, reunida ao seu princípio divino pela mediação de Jesus Cristo" (leitura 11). Estes são os princípios da sofiologia, aquela tentativa de síntese com que os russos se esforçaram por exprimir para a modernidade as grandes verdades do santo cristianismo.

Os discípulos de Solovyov, por sua vez, tentaram, em diferentes direcções, oferecer novas interpretações da teologia de Sophia. Pavel Florensky optou por se concentrar no primeiro dos grandes concílios, o Concílio de Niceia, ou seja, no dogma trinitário e não no dogma cristológico, na sua teodiceia ortodoxa *O Pilar e a Afirmação da Verdade* (1913), para descrever a experiência religiosa vivida, "a única forma legítima de conhecer os dogmas", sublinhando as analogias tridimensionais do espaço, do tempo e do homem na epistemologia da auto-provação do Sujeito Triúno a partir da homoousia nicena. Sergius Bulgakov, por seu lado, tentou reler o dogma do Segundo Concílio de Niceia sobre a cristologia do ícone, revendo os argumentos teológicos dos iconoclastas. O seu estudo O *Ícone e o Iconoclasmo,* publicado em Paris em 1930, mas concebido em estudos anteriores sobre o ícone, capta a aporia das próprias definições dogmáticas, que não fundamentam suficientemente a aniconicidade original do cristianismo; a verdadeira imagem de Deus é o homem e o mundo inteiro em que se realiza a revelação da Sophia divina, essa especial "harmonização do humano e do divino" sobre a qual o teólogo católico Hans Urs von Balthasar, que, não por acaso, também era devedor do pensamento de Solov'ev, reflectirá amplamente no século XX. A esta sede russa de redescobrir o cristianismo podemos referir o existencialismo de Berdyaev e Shestov, o intuicionismo de Nikolai Lossky e Semyon Frank, ou a filosofia da experiência espiritual de Ivan Ilyin. Tal era também a intuição louca do casal que fundou o Simbolismo, a "nova igreja do espírito santo" de Dmitri Merezhkovsky e Zinaida Gippius e, de certa forma, o sonho de revolução espiritual de Blok, Beloi e muitos outros companheiros de Vyacheslav Ivanov.

No *Conto de Svetomir, o Príncipe,* tentou mesmo trazer de volta à corrente principal da grande tradição dogmática o seu principal e mortal inimigo, o antigo gnosticismo helénico: na nova versão do mito valentiniano, os Aeons de Ivan desintegram-se e reúnem-se para recuperar a unidade do ser divino, e a imagem de Gorislava abraçando a cruz é uma referência direta à Sophia decaída que encontra a sua plenitude na união com Cristo. Os antigos gnósticos, herdeiros criativos da mitologia grega, foram os primeiros a fazer uma tentativa ousada de transmitir a revelação evangélica através da cultura clássica, e daí nasceu praticamente toda a santa teologia, na sua versão alexandrina e no seu contraponto antioqueno. Se no século III, o homem mais erudito era o neoplatónico Orígenes, e na Idade Média a síntese se realizou graças à lógica aristotélica de Tomás e à teoria mitopoética de Dante, a nova teologia dos tempos modernos encontrou em grandes sábios como Solovyov e Ivanov uma nova luz, a "noite do além" da nova criação incessantemente realizadora, o apelo a não se aprisionar em fórmulas, a fé viva, que é a resposta livre do homem à vocação divina.

CAPÍTULO 2

Nas origens do espiritualismo moderno: o legado de Nietzsche

A religiosidade do século XXI é, sem dúvida, espantosa e dificilmente se enquadra em qualquer esquema rígido, dada a crise das grandes religiões tradicionais, a emergência de novas comunidades e movimentos religiosos e o facto de a grande crítica iluminista e positivista da religião durante a época moderna se ter esgotado. Sem entrarmos numa discussão sobre a definição do que é pós-moderno, voltamo-nos antes para o período profético da filosofia religiosa na viragem do século XIX para o século XX, que só agora, ao que nos parece, nos mostra os seus frutos. O desafio lançado às religiões pelos chamados "maestros da suspeita" do final do século XIX levou numerosos pensadores cristãos a procurar novas categorias de compreensão do sobrenatural e de abertura à revelação divina. Abafadas pelos confrontos e pelas divisões em bloco do século XX, essas reflexões ressurgem hoje num contexto bastante instável e obscuro, inclusive e sobretudo do ponto de vista religioso.

Este período, no contexto do grande debate europeu do início do século XX na Rússia, é rotulado de "idade de prata", indicando assim um dos píncaros da história cultural do país, em comparação com a mais célebre "idade de ouro" do século XIX. A chave da continuidade entre estes dois períodos é a obra de vários escritores e pensadores cuja obra atravessa a fronteira destas duas fases, como os dois maiores representantes da literatura russa, Fiódor Dostoiévski e Leão Tolstoi. Foi durante a "Idade de Prata" que se estabeleceu uma tendência nitidamente espiritualista, também chamada de "filosofia religiosa russa", da qual um dos mais proeminentes representantes pode ser justamente considerado o poeta simbolista russo Vyacheslav Ivanov. Este texto é-lhe dedicado.

A própria definição de "filosofia religiosa" remonta ao grande filósofo alemão Friedrich Schelling, que tentou resumir os resultados da sua metafísica da natureza na filosofia da religião. Na Rússia, as ideias de Schelling ganharam nova vida como parte de um debate mais geral sobre o destino histórico da cultura russa, que no século XIX assistiu a um confronto entre os eslavófilos schellingianos e os ocidentais que se referiam mais às ideias de Hegel. Um dos pais fundadores do eslavofilismo, o filósofo Ivan Kireyevsky, discípulo direto de Schelling, indicou um caminho a seguir, um programa de filosofia religiosa necessário não só para a Rússia mas para toda a cultura universal. Encontramos as suas ideias fundamentais numa espécie de testamento espiritual do filósofo intitulado *Sobre a Necessidade e a Possibilidade de Novos Começos para a*

Filosofia, onde Kireyevsky tenta delinear as direcções da "nova" filosofia cristã, motivada pela necessidade de ultrapassar o racionalismo aristotélico introduzido pelo escolasticismo: "Como poderia a Igreja Romana separar-se da Igreja do Universo? Só se separou dela porque quis introduzir na fé novos dogmas desconhecidos da tradição da Igreja e gerados pela conclusão acidental da lógica das nações ocidentais. Assim ocorreu a primeira bifurcação no início básico da doutrina ocidental, a partir da qual se desenvolveu primeiro a filosofia escolástica dentro da fé, depois a reforma na fé e, finalmente, a filosofia fora da fé. Os primeiros racionalistas eram escolásticos; os seus descendentes são chamados hegelianos". Na opinião de Kireyevsky, uma leitura arbitrária dos antigos clássicos da antiguidade desviou os teólogos modernos: "As convicções básicas de Aristóteles - não as que lhe são atribuídas pelos seus intérpretes medievais, mas as que saem dos seus escritos - são absolutamente idênticas às de Hegel."

Assim, segundo o filósofo esloveno, é necessário partir de uma compreensão correta do pensamento grego, para o qual se voltaram os grandes padres da Igreja, e cujas consequências são ainda evidentes na história da cultura cristã: "A filosofia grega antiga também não surgiu diretamente das crenças gregas, mas por influência delas e sob elas, surgiu do seu desacordo interior. A discórdia interior da fé obrigava a uma racionalidade abstrata. Assim, com o desenvolvimento final da educação grega terminou, podemos dizer, o domínio das crenças pagãs sobre o esclarecimento da humanidade; não porque já não houvesse pagãos crentes, mas porque o pensamento avançado da educação já estava fora da fé pagã, transformando a mitologia em alegoria.... Deste lado negativo, a filosofia grega aparece na vida da humanidade como um útil educador do espírito (...). A filosofia preparou o campo para a sementeira cristã".

Kireyevsky recorda a longa luta travada pelos pensadores cristãos contra a falsidade da mitologia pagã, e o racionalismo aristotélico que era a sua consequência, para chegar àquela "sabedoria cristã" que produziu os dogmas dos primeiros concílios. O regresso aos ensinamentos dos Padres da Igreja foi, de facto, um dos princípios básicos que inspiraram o eslavófilo, em particular o próprio Kireyevsky, que se aproximou dos mundos monásticos precisamente para regressar a essas raízes antigas. Para ele, a rutura com a sabedoria antiga foi causada pela ignorância em que o mundo ocidental tinha caído durante o início da Idade Média, mais uma vez atolado nas contradições do paganismo. Um exemplo marcante, retirado da clássica polémica entre ortodoxia e católicos, foi a introdução do Filioque no Credo, a que Kireyevsky chamou "o primeiro triunfo do racionalismo sobre a fé": para fazer face à herança ariana, a Igreja ocidental escolheu, ignorantemente, uma formulação diretamente oposta ao arianismo, esquecendo que a verdade não deriva do oposto direto do erro, mas em virtude de uma expressividade inerente. O resultado trágico desta ilusão, segundo o filósofo, foi a paragem do desenvolvimento do pensamento cristão não só no Ocidente, mas também no Oriente: "O que deveria ter sido realizado pela conjugação dos esforços do Oriente e do Ocidente deixou de ser possível apenas para o Oriente, que ficou assim condenado apenas a conservar a verdade divina na sua pureza e santidade, sem a poder encarnar na educação exterior dos povos".

Assim, a leitura eslavófila centra-se na necessidade de um "novo começo" e, ao mesmo tempo, de um regresso às origens e de uma nova formulação da verdade cristã, confiada a um "povo novo" capaz de tornar novamente fecunda a herança do Oriente cristão e de compreender e corrigir os erros do Ocidente: "Quem sabe? Talvez esta impotência exterior do Oriente estivesse destinada a continuar até à época em que um outro povo, iluminado pelo verdadeiro cristianismo no momento em que o Ocidente se afastava do Oriente, crescesse e amadurecesse no lugar da Roma decaída; Pode ser que essa nova nação esteja destinada a chegar à maturidade mental no exato momento em que o esclarecimento do Ocidente, pelo poder de seu próprio desenvolvimento, destruirá a força de seu ensino estrangeiro e passará de falsas crenças no cristianismo a crenças filosóficas indiferentes, retornando o mundo aos tempos do pensamento pré-cristão."

Consequentemente, a Ortodoxia Russa na conceção eslavófila é muito mais do que apenas mais uma oferta da tradição antiga; é uma nova síntese do Oriente e do Ocidente, uma nova proclamação do Cristianismo ao pensamento moderno, seco e secularizado por séculos de racionalismo escolástico. A tarefa proposta por Kireyevsky foi acolhida com entusiasmo por todo o pensamento filosófico russo do século XIX e, de certo modo, ainda que de forma completamente oposta, pelo lado oposto, isto é, pelos ocidentais: A excitação revolucionária e palingenética, que do hegelianismo de Herzen e Belinsky passou ao niilismo de Bakunin e ao radicalismo de Chernyshevsky, até aos movimentos que conduziriam aos acontecimentos do século XX, responde também ao desejo de refazer o mundo e de ensinar uma nova verdade sobre ele. O cofundador do movimento eslavófilo, o publicista Alexei Khomyakov, concretizou os conhecimentos filosóficos de Kireyevsky numa nova teoria sobre a essência do cristianismo e a natureza da Igreja cristã, conhecida como a doutrina da *Sobornost*, ou seja, a unidade mística dos homens pelo poder do Espírito Santo, que, embora nunca tenha sido oficialmente adoptada pela Igreja Ortodoxa, foi sempre invocada por todos os pensadores mais eminentes e pela própria hierarquia. A intrigante revelação do *Cristo russo* nos romances de Fiódor Dostoiévski é precisamente uma tentativa de descobrir um novo caminho de fé, uma verdade mais elevada e mais paradoxal da razão humana, enquanto o grande moralista Tolstoi, ateu e ocidental, tentava fundar o caminho da espiritualidade humanista cristã.

O mais genuinamente russo dos escritores da rápida manifestação do eslavofilismo, Nikolai Gogol, exprimiu as ideias de Kirievsky numa carta ao grande poeta Zhukovsky, anunciando-lhe que tinha chegado o momento da Igreja Ortodoxa Russa e do cumprimento da sua grande missão na história: "Há um reconciliador de tudo dentro da nossa própria terra, que ainda não é visível para todos - a nossa Igreja. Ela já está a preparar-se para assumir subitamente os seus plenos direitos e brilhar a sua luz sobre toda a terra. Nela se encontra tudo o que é necessário para uma vida verdadeiramente russa, em todas as suas relações, desde o Estado até à simples vida familiar, tudo está estabelecido, tudo está orientado, tudo é o caminho certo e verdadeiro. Para mim, a ideia de introduzir qualquer inovação na Rússia, passando por cima da nossa Igreja, sem lhe pedir a bênção, é uma loucura. É absurdo até enxertar ideias europeias nos nossos pensamentos, enquanto não as tivermos batizado com a luz de Cristo. Verá como, de repente e aos seus próprios olhos, isto será reconhecido por todos na Rússia, crentes e não crentes, e como, de repente, a nossa Igreja será reconhecida por todos. Foi a vontade da Providência que uma cegueira incompreensível caísse sobre os olhos de muitos. Quando olho atentamente para o fio dos acontecimentos do mundo, vejo toda a sabedoria de Deus, que permitiu a separação temporária das Igrejas, ordenando a uma que ficasse parada e como que afastada dos homens, e à outra que se preocupasse com os homens; uma para não aceitar inovações, exceto as introduzidas pelos homens santos dos melhores tempos do cristianismo e pelos pais originais da Igreja; a outra para mudar e aplicar a todas as circunstâncias do tempo, o espírito e os hábitos dos homens, para introduzir todas as inovações feitas mesmo por bispos profanos e cruéis; um para morrer para o mundo por um tempo como se morresse para o mundo, o outro para tomar posse do mundo inteiro por um tempo; um, como a humilde Maria, deixando de lado todos os cuidados com as coisas terrenas, para ser colocado aos pés do próprio Senhor, depois para ouvir melhor suas palavras antes de aplicá-las e transmiti-las aos homens."

Não foram apenas os pensadores russos que se entregaram a sonhos românticos de um novo fundamento para o cristianismo; para além dos grandes sistemas da filosofia alemã, várias correntes do pensamento ocidental imaginaram novos horizontes para a mensagem evangélica e para a sua elaboração filosófica e intelectual. Recorde-se a crítica do dinamarquês Seren Kierkegaard ao cristianismo, que se interrogava sobre a sua mediação do homem e da história; no *Posfácio final não científico das Migalhas filosóficas*, ele coloca a questão de saber o que é o cristianismo, se está certo ou errado. "A questão aqui não é se o cristianismo está certo, mas o que ele é. A especulação simplesmente omite este acordo prévio. A especulação limita-se a omitir este acordo prévio e, em seguida, reivindica o sucesso total na introdução da mediação. Mas, de facto, mesmo antes da introdução da sua mediação, este pensamento já mediou tudo no mundo - por outras palavras, transformou o Cristianismo numa doutrina filosófica." Assim, ele não considera o cristianismo como uma espécie de doutrina positiva ou de filosofia. O que é então? É a antítese de toda a especulação e, como tal, aparece como não mediado. Recordemos também a convicção de Antonio Rosmini de que o pensamento moderno em geral perdeu, em comparação com a tradição clássica e medieval, o verdadeiro sentido do que significa pensar, e que na *Nova Experiência sobre a Origem das Ideias* ele coloca a questão da relação entre razão e verdade.

A crítica ao cristianismo foi levada a conclusões extremas por Feuerbach em A *Essência do Cristianismo*, de 1841, e pela dura acusação de Nietzsche em *Anticristo*, escrito nos últimos anos do século. Estas foram as condições prévias para o ateísmo militante dos regimes subsequentes e para a grande luta anti-clerical das ideologias dominantes na Europa e em todo o mundo. O cristianismo, visto como a decadência do verdadeiro espírito humano, foi apresentado como o verdadeiro inimigo a destruir, como um obstáculo ao progresso moral e intelectual e uma justificação para os regimes repressivos do passado. O desafio mais agudo foi articulado na reflexão de Friedrich Nietzsche sobre o *Nascimento da Tragédia*, que emergiu na fase "wagneriana" dos anos setenta, e foi depois repetidamente renovada nos anos seguintes, até ao grito da *Ciência Alegre, que* proclamou "a morte de Deus". Na leitura nietzschiana da cultura grega, a vitória do moralismo apolíneo sobre a criatividade dionisíaca torna-se uma categoria fundamental na condenação do cristianismo, culpado de se apropriar da ditadura da lei religiosa sobre o espírito humano. O próprio filósofo afirma que, na sua crítica à Antiguidade grega, persegue precisamente este objetivo: "Talvez toda a profundidade desta inclinação anti-moral possa ser avaliada pelo silêncio diligente e hostil com que o cristianismo é tratado neste livro - o cristianismo como a polifonia mais desmedida do tema moral que a humanidade alguma vez ouviu...". Desde o início, essencial e fundamentalmente, o cristianismo foi cansaço e repugnância - experimentados pela vida a partir da própria vida, e apenas encobertos, e escondidos, e vestidos pela crença numa vida 'diferente' ou 'melhor'". A superação do cristianismo, segundo Nietzsche, está na descoberta das verdadeiras potencialidades da natureza humana, nessa epifania estética, que acabará por conduzir à teoria do super-homem: "O meu instinto, o advogado da vida, voltou-se contra a moral, depois compôs para si próprio o seu contra-ensino fundamental, a sua contra-avaliação da vida: puramente artística, anti-cristã. Que nome lhe devemos dar? Sendo um filólogo, um homem de palavras, não deixo de ter uma certa liberdade - pois quem sabe o verdadeiro nome do Anticristo? - Eu baptizei-o com o nome de um deus grego: chamei-lhe dionisíaco". Na expressão dionisíaca da vontade do homem, a arte é a verdadeira escala da sua busca de realização e de autoconsciência, quando, mais do que as respostas éticas e religiosas, o homem se apoia antes no risco da autotranscendência: "o horror colossal que se apodera do homem quando, de repente, lhe acontece duvidar das formas de conhecimento dos fenómenos, porque, segundo lhe parece, a lei da razão suficiente começa a sofrer uma exceção numa das suas formas. Se ao horror juntarmos também o êxtase da admiração que se eleva do mais íntimo fundamento do homem e mesmo de toda a natureza à vista da mesma destruição dos *principii individuationis*, então, ao fazê-lo, estaremos a olhar para dentro da essência do *dionisíaco*, cuja analogia mais próxima é uma *ressaca*. Então, sob a influência da bebida narcótica, da qual todos os povos e nações primitivas falam em hinos, depois com a primavera, cuja poderosa proximidade permeia toda a natureza com as suas alegrias, os movimentos dionisíacos da alma despertam e, com o seu aumento, o subjetivo derrete-se gradualmente, atingindo o mais pleno esquecimento de si..... Há pessoas que, por falta de experiência ou por estupidez, se afastam de tais fenómenos com escárnio ou pesar, como se de epidemias se tratasse, na consciência da sua própria saúde - tornando assim claro que são 'saudáveis'; pobres pessoas, não fazem ideia da palidez morta que repousa sobre essa sua 'saúde', de como ela parece fantasmagórica quando a vida ardente dos loucos dionisíacos passa por ela".

Curiosamente, no momento em que Nietzsche proclamava a superioridade do êxtase dionisíaco sobre o resultado moralista do apolíneo cristão, a partir dos anos setenta do século XIX começaram a difundir-se no meio evangélico anglo-saxónico os primeiros fenómenos do carisma pentecostal, em orações extáticas de glossolalia, como o "batismo do Espírito" do pastor Smith Wigglesworth e outros, que transformaram o metodismo anglicano num cristianismo *renascido* que viria a ter sucesso tanto no século XX como até aos nossos dias. O movimento carismático pentecostal estabeleceu-se não só no mundo protestante, mas também no próprio catolicismo, quase querendo restituir à experiência religiosa o início "dionisíaco" admirado por Nietzsche. Fiódor Dostoiévski, o escritor provavelmente mais influenciado pela reflexão nietzschiana, descreve, por sua vez, uma redescoberta do êxtase no misticismo invertido de *Besov,* romance dedicado aos niilistas, revolucionários que viam no aniquilamento um meio de atingir Deus e substituí-lo por si próprios. Uma das personagens da história, membro de um grupo terrorista, explica a sua opção revolucionária - segundo o plano, devia matar-se para afastar as suspeitas dos verdadeiros autores - por uma experiência extática:

Kirillov acordou e - estranhamente - falou de forma muito mais coerente do que sempre tinha falado; era óbvio que tinha estado a formular tudo isto durante muito tempo e talvez o tivesse escrito:

- Há segundos, cinco ou seis de cada vez, e de repente sentimos a presença de uma harmonia eterna, perfeitamente conseguida. Não é terrena; não quero dizer que seja celestial, mas que o homem na sua forma terrena não a pode suportar. É preciso mudar fisicamente ou morrer. Este sentimento é claro e inegável. É como se de repente sentisses toda a natureza e dissesses: sim, é verdade. Deus, quando Deus criou o mundo, no final de cada dia da criação Ele disse: "Sim, isto é verdade, isto é bom". Isto é... não é propiciação, é assim mesmo, alegria. Não se perdoa nada porque não há nada para perdoar. Não é que ames, oh - está acima do amor! O pior é que é tão terrivelmente claro e tão alegre. Se for mais de cinco segundos, a alma não aguenta e tem de desaparecer. Nestes cinco segundos vivo a minha vida e por eles daria a minha vida inteira, porque vale a pena. Para aguentar dez segundos, é preciso mudar fisicamente". Kirillov experimenta uma espécie de arrebatamento incessante, um desejo de se sacrificar inteiramente por uma causa que não é apenas a de mudar a sociedade, mas também o indivíduo: "Toda a minha vida não quis que fossem apenas palavras. Este é o sonho de alcançar a expressão absoluta da natureza, do seu próprio eu, como ele próprio afirma no seu diálogo com Verkhovensky, o líder do grupo: Se não existe um deus, então eu sou um deus.

- Nunca consegui perceber esta questão: porque é que é um deus?

- Se existe um deus, então toda a vontade é dele, e fora da sua vontade não posso. Se não há deus, então toda a vontade é minha, e eu sou obrigado a declarar a minha vontade.

- Arbitrariedade? Porque é que temos de o fazer?

- Porque toda a vontade se tornou minha. Será que ninguém em todo o planeta, tendo ficado sem Deus e acreditando na vontade própria, se atreve a declarar a vontade própria, em toda a sua plenitude? É como um pobre que, tendo recebido uma herança, tem medo e não ousa aproximar-se da bolsa, considerando-se impotente para a possuir. Eu quero afirmar a minha vontade. Ainda que sozinho, mas quero.

- E fá-lo.

- Sou obrigado a matar-me a mim próprio, porque o ponto mais alto da minha vontade é matar-me a mim próprio.

- Não é o único que se mata; há muitos suicídios.

- Com razão. Mas sem qualquer razão, mas apenas por vontade própria, eu sozinho. Niilismo. A autodestruição torna-se um reflexo da fé e do renascimento: um homem livre de religião deve matar Deus para se afirmar, e encontra na autodemonização o verdadeiro caminho da deificação:

"Sou obrigado a declarar a minha descrença", Kirillov andava de um lado para o outro na sala. - Para mim, não há ideia mais elevada do que a ideia de que não existe Deus. Para mim, existe a história humana. O homem não fez mais do que inventar um deus para poder viver sem se matar (é exatamente esta a motivação do Anticristo de Nietzsche); esta é toda a história do mundo até agora. Só eu, na história do mundo, não quis inventar um deus pela primeira vez. Deixem-nos descobrir de uma vez por todas.

"Ele não se vai suicidar", Pyotr Stepanovich estava ansioso.

- Quem é que sabe? - Ele estava a pegar-lhe fogo. - Sou eu e tu; é a Lipa-tina?

- Todos saberão; todos saberão. Nada é secreto que não seja manifesto. Aqui *Ele* disse.

E apontava, com uma alegria febril, para a imagem do Salvador, diante da qual a lâmpada estava acesa. Pyotr Stepanovich ficou muito zangado.

- Então, ainda acreditas *n'Ele* e acendeste uma candeia "por precaução"?

O homem ficou em silêncio.

- Sabes que mais, acho que és mais um crente do que um papa.

- Em quem? *Nele?*... Não percebo como é que um ateu pode saber que Deus não existe e não se matar imediatamente? Perceber que não existe nenhum deus e não perceber ao mesmo tempo que tu próprio te tornaste um deus é absurdo, caso contrário matar-te-ás de certeza. Se te aperceberes, és um rei e não te matarás, mas viverás na mais importante glória. Mas um, aquele que é o primeiro, deve matar-se sem falhar, caso contrário, quem começará e provará isso? Sou eu que me vou matar sem falhar, para começar e provar. Continuo a ser apenas um deus à toa, e sou infeliz porque sou *obrigado a* declarar a minha vontade. Todos são infelizes porque todos têm medo de declarar a sua vontade. É por isso que o homem tem sido tão miserável e pobre até agora, porque tem tido medo de declarar o ponto mais importante da vontade e tem sido voluntarioso desde o limite, como um estudante. Sou terrivelmente infeliz porque tenho muito medo. O medo é a maldição do homem. Mas vou declarar a minha voluntariedade, sou obrigado a acreditar no que não acredito. Começarei e acabarei e abrirei a porta. E eu salvarei. Só isso salvará todos os homens e na próxima geração renascerá fisicamente; pois na forma física atual, tanto quanto pensei, é impossível para um homem estar sem o antigo deus de qualquer forma. Há três anos que ando à procura do atributo da minha divindade e encontrei-o: o atributo da minha divindade é a Vontade! Isto é tudo o que posso fazer no ponto principal para mostrar a minha desobediência e a minha nova e temível liberdade. Pois é muito temeroso. Eu mato-me para mostrar a minha desobediência e a minha nova liberdade medrosa."

No êxtase do revolucionário, o grande escritor russo antecipa profeticamente todos os horrores do século XX, a Revolução Russa, o fascismo, o nazismo, e o delírio da omnipotência do homem moderno, agora exposto pela fragilidade das suas próprias realizações, desse poder sem nome e tecnocrático que provoca nas gerações do *milénio* uma raiva cega e incerta, uma necessidade de renascimento para a qual não se encontra resposta. É a própria ilusão de Nietzsche, que termina a sua existência na loucura, que é a consequência extrema e lógica da sua sede de libertação filosófica.

Mais uma vez, os pensadores russos, tal como acontecera anteriormente com Schelling e Hegel, colocaram-se a tarefa de responder e ultrapassar Nietzsche e o niilismo. O caminho ocidental conduziu a sua trajetória apocalíptica para uma catástrofe revolucionária, enquanto os eslavófilos, após uma fase de recuo chauvinista que não era alheia ao próprio Dostoiévski (e que se assemelha fortemente às pretensões da Rússia de Putin hoje), tentaram chegar a uma síntese superior, a uma filosofia cristã universal. O profeta inédito da nova revelação foi o místico e filósofo Vladimir Soloviev, que morreu no verão de 1900, um mês antes de Nietzsche. No seu ensaio de 1899, *A ideia do super-homem*, Soloviev nota com amargura que Nietzsche se tinha tornado um "escritor da moda" na Rússia, como acontecera mais de meio século antes com Hegel; no entanto, "antes, tais fascínios eram substituídos rapidamente", enquanto no final do século, o filósofo nota o desejo de "alcançar a mesma estação mental". "Destas três ideias associadas a três grandes nomes (Karl Marx, Leo Tolstoy, Friedrich Nietzsche)", a terceira parece a Soloviev a mais interessante, "está ligada ao que virá depois de amanhã e mais além". Apesar do facto de o pensamento de Nietzsche ser o caminho que mais rapidamente "conduz a um abismo sem esperança", o seu aspeto positivo "é impressionante: desprezo pela humanidade fraca e doente, uma visão pagã da força e da beleza, a atribuição antecipada a si próprio de um significado sobre-humano excecional - primeiro, a si próprio sozinho, e depois, a si próprio coletivamente, como uma minoria escolhida dos "melhores", isto é, os mais fortes, mais omnipotentes e melhores. Ou seja, as naturezas mais fortes, mais dotadas, poderosas ou "senhoriais", a quem tudo é permitido, uma vez que a sua vontade é a lei suprema para os outros, é a falácia óbvia do nietzscheanismo.Mas, ao mesmo tempo, a verdade está contida na ilusão: "É natural que o homem queira ser melhor e maior do que é na realidade, é natural que gravite em direção ao ideal do super-homem." Apanhando o vento do existencialismo emergente, Soloviev insiste na intuição interior da experiência humana que Nietzsche enfatiza, independentemente da disputa "sobre a questão metafísica da liberdade incondicional de escolha" que tanto perturbou Leo Tolstoy. É a questão da "complicação e refinamento da existência natural, em direção àquele crescimento cósmico que é particularmente pronunciado no desenvolvimento das formas orgânicas da vida vegetal e animal". Neste desejo reside o verdadeiro dom de Deus, como os filósofos gregos já haviam adivinhado; comentando o *Drama da Vida de Platão,* Soloviev observa que a filosofia propriamente dita é a expressão do desejo real do homem pelo absoluto. "Os grandes benfeitores da humanidade são Prometeu, Deméter e Dionísio. Mas o 'três vezes maior' chama-se e é o nosso pai Hermes Trismegisto. Na imagem corpórea do dormitório humano, ele colocou a sua alma viva e o criador de vida - a filosofia - não para que o homem recebesse a verdade e a bem-aventurança eternas como uma dádiva e numa forma pronta, mas para que o caminho laborioso do homem para a verdade e a bem-aventurança fosse protegido de ambos os lados - do temor demoníaco supersticioso e da estúpida irresponsabilidade animal". A morte de Sócrates, com todo o seu dramatismo, deu origem ao idealismo platónico: se a verdade e a justiça, na sua encarnação mais vívida, são destruídas pela morte, o sentido da vida num outro mundo ideal.... Diz-se que foi apelidado de Platão, ou seja, largo (o seu nome original era supostamente Aristócles), pela largura do seu rosto, e por outros pela largura do seu espírito". Assim, o significado da cultura grega era o esforço para ir mais além; o platonismo de Soloviev fala da urgência disso nos novos tempos.

O legado de Soloviev estende-se a várias vertentes da filosofia religiosa russa, desde as mais "sofiológicas" de Sergei Bulgakov e Pavel Florensky, passando pelas existencialistas de Nikolai Berdyaev e Semyon Frank, até ao "cosmismo" mais secular e cientificista de Nikolai Fedorov, Vladimir Vernadsky e Konstantin Tsiolkovsky. Uma destas direcções de desenvolvimento mais diretamente ligada às aspirações revolucionárias foi o simbolismo poético e literário, cujos representantes foram cantores da revolução como Alexander Blok, Andrei Bely e Vladimir Mayakovsky, e cujo pai fundador, que permaneceu isolado dos seus seguidores, foi Vyacheslav Ivanov. Foi discípulo direto de Soloviev, que o conheceu em 1896 e apoiou as suas primeiras experiências literárias; nos primeiros anos do século, o seu salão literário foi uma espécie de "incubadora" petersburguesa do Simbolismo russo, um "laboratório criativo" para poetas. Ivanov alcançou uma enorme fama na primeira década do século XX, tornando-se uma das principais inspirações de toda a *Idade de Prata,* participando em numerosas publicações e acções literárias e culturais na capital. A tempestade revolucionária, que foi precedida por uma série de peripécias na sua vida pessoal, levou Ivanov a procurar formas de escapar e de se libertar da loucura destrutiva, como evidenciado em *Correspondência de Dois Cantos,* escrito em 1920 como um diálogo com Mikhail Gershenzon sobre o significado do destino como acaso e necessidade. Durante os seus anos mais turbulentos [1921-1924] em Baku, dedicou-se ao tema original de Nietzsche, escrevendo a sua tese de doutoramento sobre o culto de

Dionísio. Posteriormente, o poeta, como muitos outros grandes pensadores russos, foi forçado a deixar a sua terra natal e emigrou para Roma, em Itália, onde se converteu à Igreja Católica [1926], seguindo os passos do seu professor Vladimir Soloviev, desejando unir o Oriente e o Ocidente na sua própria personalidade e na pertença à Igreja universal.

V. Ivanov dedicou-se ao tema dionisíaco e à reinterpretação da cultura grega clássica nos primeiros anos da sua carreira literária, publicando em 1904 o ensaio "A Religião Helénica do Deus Sofredor" e "A Religião de Dionísio" em 1905, e depois, em 1921, escreveu a sua dissertação "Dionísio e Pradionisianismo", publicada em Baku em 1923 com o título "Questões do Culto Helénico de Dionísio e a Origem do Teatro da Tragédia". Em 1903, Ivanov também leccionou um curso em Paris sobre o culto religioso de Dionísio. O interesse pela antiguidade helénica foi motivado pela procura das origens do símbolo nessa cultura orgânica e integral que o cristianismo tinha conseguido assimilar à sua maneira. Inicialmente, esta motivação estava ligada a disputas internas nos movimentos literários, onde Ivanov era o arauto de um "novo simbolismo", sintético e vernacular, em oposição ao simbolismo dos impressionistas e à decadência do final do século XIX. A arte participa e, de certa forma, orienta as grandes transformações sociais e espirituais: inspirou o empenhamento de Blok e Mayakovsky na revolução, enquanto Ivanov se voltou para o sonho de Soloviev da unidade religiosa da humanidade. Toda a poesia de Ivanov se baseia no mito dionisíaco da morte e da ressurreição, onde a nova esperança e a glorificação do sacrifício nascem do desespero, na veia otimista da realização cristã e na indirectidade do pessimismo ateu radical nietzschiano. De certa forma, este tema tornou-se o fio condutor do seu pensamento, ou seja, a reabilitação do dionisismo, numa nova visão do cristianismo. A sua tentativa de síntese não foi facilmente compreendida ou aceite, mesmo pelos seus correspondentes e admiradores. Numa carta a Shore, o poeta-filósofo rejeita a tentativa de "defender o velho eu do novo eu; esta explicação simplista é essencialmente errada. Há uma metamorfose contínua [no sentido goetheano da palavra] na minha perspetiva, o que torna impossível para mim simplesmente negar qualquer momento anterior de desenvolvimento orgânico integral".

As reflexões de Ivanov sobre a religião helénica reflectem-se na sua coleção de letras *Nurse Stars (Estrelas Enfermeiras),* 1903-1904, que exprime uma necessidade existencial de conhecer a natureza através do mito e do êxtase da visão pagã. O primeiro poema, intitulado *Beleza,* dedicado ao professor Vladimir Soloviev, menciona o nascimento de Afrodite e argumenta que a própria deusa, nascida da espuma do mar, foi incapaz de refrear os demónios do caos, e que depois dela veio a sua sucessora que aperfeiçoou a luta contra a matéria e a fealdade, ou seja, Sophia. Esta é a visão do próprio Soloviev, desdobrada por Ivanov na ideia platónica da "convergência" e do ritmo profundo da beleza e da arte. A segunda secção da coletânea é dedicada a Dionísio; como afirma Eridano Bazzarelli, "já aqui há essa mistura entre o ambíguo deus de origem trácia e Cristo, que viria a ser o centro (ou um dos centros) das investigações filosóficas de Ivanov; das duas facetas de Dionísio, a alegre e viva e a masoquista e violenta, Ivanov escolheu a segunda". O terceiro poema da secção, *Ao Deus Desconhecido* (a imagem cristã da revelação natural, Actos 17:23), insiste em encontrar um deus desconhecido, talvez Adónis, cuja morte é lamentada e a ressurreição reclamada, ou talvez Dionísio, ou talvez Cristo. Em última análise, conclui Badzarelli, o apelo de Ivanov aos mitos antigos, o seu desejo apaixonado de os reavivar, o seu desejo de comunicação pânica e de encontros com os deuses ... ganham nova vida e poder nos seus versos". É um desejo de uma estética cristã sincrética, clássica e ao mesmo tempo inovadora.

O poeta-filósofo pretende responder ao predomínio do individualismo seco da sociedade que entra no novo século, atomizada e despersonalizada: "Para não sermos esmagados no pó das almas mortas, na nebulosa dos átomos sem um 'eu', temos de revitalizar o indivíduo" no caminho do espírito, o neo-humanismo inovador e reformista. Ivanov vê no cerne da crise do humanismo o desacordo que surgiu entre "ciência" e "consciência", isto é, entre a realidade objetiva do homem racional e a realidade subjectiva do homem espiritual, um desacordo que leva ao predomínio da razão sobre a fé. Ivanov responde a este dilema na primeira parte do poema *Homem,* intitulada *Az ism.* "Azm eu sou" é o "principium individuationis" do "ser". O ser conhece-se a si próprio através de si próprio". No *Homem,* "Azm I Am" dá-se conta de si mesmo e das limitações que fazem parte da sua natureza através da Cruz, ou seja, mede a sua realidade objetiva-subjectiva com base nesse parâmetro espácio-temporal que, prenunciado por Descartes, seria explicado cientificamente no século XIX, mas que os antigos conheciam e utilizavam simbolicamente há séculos. Através da Cruz, o homem sai dos limites do tempo e do espaço e entra no divino, torna-se um "homem universal" capaz de perfeição. Na Cruz está o Homem-Deus; por isso, a Cruz é a forma que permite a Deus realizar-se na dimensão humana, para que a humanidade possa voltar a Deus e "estar" com Ele, num processo infinito de transubstanciação entre Verbo e Carne. As fases de transubstanciação são fases de convergência e de ascensão, fases de transformação da energia em matéria e da matéria em energia, onde cada *big-bang* implica o nascimento de um novo universo (expansão) e cada universo implica um fim e portanto um novo *big-bang* e assim o ciclo Vida-Morte e Morte-Renascimento, a incarnação de Deus e a deificação do homem. Só na interpretação cristã da vida, da morte e do renascimento surge, segundo o

Para Ivanov, a salvação do homem, porque o cristianismo se realiza na ressurreição: o cristianismo, em comparação com outras religiões, é a afirmação mais radical da indulgência divina, até ao ponto de enterrar o homem-Deus nas entranhas da terra. Qualquer referência ao mito contém um discurso autónomo; além disso, a diversidade de elementos míticos determina a própria diversidade de formas em que se exprime o pensamento religioso de Ivanov. O fator que distingue a religião do mito é a Fé: de facto, sem Fé, a religião helénica, novamente proposta por Ivanov, torna-se puro simbolismo mítico (*tinha Deuses),* enquanto o Cristianismo, reforçado pela Fé, mantém intacto o seu significado como religião (tem Deus*);* a religião helénica tem homens-deuses, enquanto o Cristianismo tem Deus-Homem. Os deuses míticos são imortais, mas se não morrem, não podem ser ressuscitados: onde não há Fé na morte, não pode haver Fé no Renascimento. Ivanov usa o mito egípcio de forma diferente porque é um mito de vida após a morte. A vida e a morte são assim, respetivamente, a tese e a antítese do renascimento, ou seja, da vida nova. A morte não corresponde necessariamente à morte física, porque o sentido teológico da morte corresponde a uma mudança de estado, ou seja, é preciso "morrer para si mesmo" (o transcende *te ipsum* agostiniano tão caro a Ivanov*)* para sintetizar uma nova dimensão do "ser" na transcendência. Numa *Carta a si próprio* de 1932, Ivanov apela à sua consciência para a transcendência: "A minha ligação dentro de mim é a vida, e a minha vida é uma ligação, chamo-lhe em mim uma alma. Como hei-de chamar universal à minha ligação e à minha vida? Se tenho consciência dela tão diretamente como a minha ligação e a minha vida, devo também chamar-lhe alma, a alma de todas as coisas. Mas esta ligação e vida universais não são Deus, e quem chama Deus à alma do mundo não conhece o anseio da alma por Deus .... *Sacrifício do intelecto* [em italiano - ed.] para mim não é fé em Deus, mas fé no mundo criado por ele - em mim mesmo. Deus obriga-me a dizer: "Eu sou", "nós somos" e "o mundo é". Esta é uma afirmação de superação, ao mesmo tempo, do panteísmo e do niilismo de Nietzsche e do próprio Soloviev: Deus não é, em geral, "tudo", é o limite da minha luta por tudo, não é "nada", e eu não posso destruí-lo para estabelecer o meu tudo à maneira dos *Besovs de* Dostoiévski.

A Grécia antiga não é idealizada, não é um paraíso, embora na Idade da Prata o seu mito e a sua magia não pudessem deixar de suscitar entusiasmo artístico e intelectual. Para Vyacheslav Ivanov, para os seus seguidores e para os seus opositores, "a Hélade histórica possuía o fascínio *do início de tudo:* agricultura, pastorícia, navegação, ciência, poesia, artesanato, artes e filosofia". Trata-se de um ponto de vista audacioso e paradoxal, que renova a busca religiosa anterior à Revelação bíblica e à tradição da Igreja, e que é, por isso, tão atual em tempos de relativismo filosófico e religioso como o atual. O sonho de Vyacheslav Ivanov, e mesmo antes de Soloviev, de unir "a Rússia e a Igreja Universal", de deixar "a Igreja respirar com os dois pulmões, oriental e ocidental", foi derrubado pela trágica realidade do século XX e pelos novos abismos que então se formaram, e antes que novos muros separem os povos do mundo globalizado de hoje, poderíamos mergulhar de novo nos mitos arcaicos para redescobrir a encarnação do Deus que sofreu, morreu e ressuscitou por nós, que está pronto todos os dias a partilhar os destinos da humanidade, que está em constante busca do seu rosto vivo.

Stefano Caprio

São Petersburgo 2015.

CAPÍTULO 3

O "MISTICISMO" ENTRE A EUROPA E A ÁSIA NA CULTURA RELIGIOSA E FILOSÓFICA RUSSA

Discurso de Stefano Caprio (Pontifício Instituto Oriental) Nápoles, 3-4 de outubro de 2011

Renascimento da Rússia: regresso às origens

No terceiro milénio, a história russa está a redescobrir-se a si própria depois de um século tão chocante e contraditório como o último. A saída súbita e até certo ponto antinatural do sistema soviético, que continua a ser de facto a infraestrutura sócio-psicológica da vida russa, conduziu a uma profunda crise de identidade da qual ainda não há saída. A comparação com o espelho da crise moral e social do Ocidente, em certa medida também relacionada com as profundas mudanças do final do século XX, obriga a Rússia a concentrar-se na sua identidade e na sua história para não ser arrastada para um vórtice do qual não conseguirá sair.

Neste sentido, as actividades algo artificiais de intercâmbio cultural entre a Rússia e outros países europeus, no nosso caso com a Itália, são, de facto, uma oportunidade que não deve ser desperdiçada, e a tarefa dos especialistas, para além de fornecerem materiais de investigação, deve ser a de oferecer as chaves de leitura, a fim de encontrar na comparação as indicações do caminho futuro. Em particular, existem condições favoráveis para o diálogo entre a Rússia e a Itália, uma vez que a Itália é o país que sempre foi o principal elemento de comparação entre a Rússia e o mundo ocidental: uma comparação espiritual entre o antigo ideal social e religioso de Roma e as aspirações de Moscovo.

O diálogo atual, marcado pela incerteza da crise, permitiu descobrir uma necessidade incontornável: a necessidade de regressar às raízes, de enveredar pelo caminho da recuperação das verdadeiras raízes. Se na Europa se discute, e por vezes de forma algo intrusiva, a necessidade de regressar às "raízes cristãs", como alternativa ou interpenetração com as raízes seculares, bem como greco-romanas ou judaicas e até árabes, a Rússia não pode deixar de se voltar para as etapas que, a partir do batismo cristão, levaram à sua inclusão na grande história dos povos europeus e, consequentemente, à aquisição de um papel nada secundário na história mundial.

Voltando às origens da essência étnica e social dos eslavos orientais, não podemos esquecer que os russos entraram na história cristã através do abismo do cisma religioso entre o Ocidente latino e o Oriente bizantino, no qual foram espectadores passivos e desinformados, chegando no momento mais crítico da vida da Igreja Universal e incapazes de mudar o seu destino. Acrescentaram-se à lista das Igrejas do primeiro milénio, co-participantes na unidade católica do cristianismo antigo, mas pertencem, de facto, à era subsequente das divisões, à ortodoxia militante (Slavia Orthodoxa) de um cristianismo perdido em busca de novas definições. Esta circunstância histórica objetiva deu origem a um sentimento de eterna incompletude do cristianismo russo e da sua missão histórica: a última das Igrejas antigas, ou a primeira das modernas? Herdeira do cristianismo original ou portadora de uma nova revelação? À ambiguidade histórica junta-se a ambiguidade geográfica do território, que se equilibra entre o Oriente e o Ocidente, entre o universal e o particular, entre o passado e o futuro. A Rússia sentir-se-á sempre como um "terceiro elemento" da história, da cultura e da fé: um elemento não intencional, inexplicável, supérfluo, mas marcante, criativo e absolutamente necessário. Não é por acaso que a fé russa se centrará, mais do que qualquer outra, no mistério da Santíssima Trindade.

A evangelização da Rússia foi especial e tem poucas analogias com a conversão de outras nações. Enquanto o Império Romano foi impregnado pela mensagem evangélica através de um longo processo histórico, passando por quase três séculos de perseguição e pelo menos um século de convivência com as estruturas sociais do paganismo, os povos bárbaros das tribos franco-germânicas puderam envolver-se numa esfera em grande parte já moldada pelo cristianismo, que foi capaz de resistir à desintegração do sistema imperial e à decadência das eras feudais. A política de unificação de Carlos Magno apenas conduziu à conclusão da nova estrutura da Europa, que, com o Sacro Império Romano-Germânico, começou imediatamente a rivalizar em pé de igualdade com o próprio Império Bizantino, também em termos de fé e cultura. Vários ramos étnicos eslavos foram enxertados num extremo ou noutro da cristandade medieval, mas sempre apenas como seguidores de agregados já definidos. Mesmo as grandes conversões missionárias da nova era seguiriam o mesmo caminho, aculturando os povos americanos, africanos e asiáticos aos padrões europeus dos países colonizadores; e só recentemente, a partir da segunda metade do século XX, o problema da "inculturação" africana ou asiática do cristianismo foi colocado como uma prioridade para as jovens Igrejas. A Rússia, por outro lado, foi chamada a resolver uma questão tão moderna por meios medievais grosseiros, revelando um potencial de intuição e criatividade notáveis.

A perceção aproximada da cultura bizantina, que ocorreu em condições de instabilidade social e política, impediu os eslavos, e a própria Rússia, de tirar pleno partido da herança clássica que se encontrava no coração da cristandade grega. O carácter enfaticamente confessional da cultura literária que se desenvolveu nas terras eslavas ortodoxas, sob a influência do predomínio da cultura monástica, levou à impossibilidade de uma perceção puramente estética (ou histórica) da herança clássica, na qual o politeísmo desempenhou um papel preponderante. Desta premissa decorre a ausência, tanto nos Balcãs como na Eslávia Oriental, do principal canal através do qual Bizâncio continuou a recorrer às fontes clássicas, aquela escola de estudos helenísticos que o mundo bizantino, ao longo da sua história, nunca abandonaria.

Em todo o caso, a Rússia, sendo claramente a "filha predileta" da Igreja bizantina, como os Patriarcas de Constantinopla gostam de sublinhar, não se limita a reproduzir as categorias do cristianismo grego e, desde o início, não se limitou à mera assimilação do seu conteúdo e do seu estilo, embora lhe seja semelhante. Hoje em dia, podemos distinguir imediatamente a Igreja russa da Igreja grega pela forma das suas cúpulas ou pela intensidade da cor dos seus ícones, e a eterna tensão entre os hierarcas das duas Igrejas sublinha, por vezes de forma bastante dramática, esta diferença. Os russos não se consideram filhos dos gregos, não toleram sequer a ideia da sua dependência histórica ou cultural em relação a eles e, além disso, sublinham frequentemente a sua peculiaridade em relação ao resto do mundo ortodoxo, num tom não menos decisivo do que o da comparação com o cristianismo latino, para o qual são frequentemente atraídos devido a um certo número de caraterísticas semelhantes. A expressão principal desta identidade especial será encontrada no período decisivo da história russa, na ascensão de Moscovo e na sua aspiração a ser a "Terceira Roma", o lugar da síntese escatológica de toda a história cristã, mas os rudimentos desta ideologia devem ser procurados nas próprias raízes da evangelização da Rússia.

A Rus' de Kiev foi imediatamente recrutada para uma guerra religiosa, cujas razões históricas e ideológicas não foram explicadas e não serão reveladas na literatura religiosa russa durante muito tempo; além disso, pode argumentar-se que a atitude russa em relação ao cristianismo ocidental permanecerá bastante indiferente pelo menos até meados do século XV, até ao período após o Concílio de Florença e a tomada de Constantinopla. O próprio cisma de 1054 não terá uma receção apodítica na Rússia, que, por exemplo, será encorajada pela "transferência das relíquias" de São Nicolau de Myra para Bari em 1073, o que para os gregos foi um roubo muito real e um dano "irreparável".

A primeira interpretação original "russa" do seu próprio papel na história das nações cristãs, a "Palavra sobre a Lei e a Graça" do Metropolita Hilarion, é a primeira chave para compreender a especificidade da identidade russa. O papel de toda a história da salvação antes de Cristo, lembra-nos Hilarion, é preparar a redenção cristã. A lei era necessária para superar a idolatria, da qual o próprio Vladimir era um representante: "Só ele, que faz milagres, estabeleceu a lei, que precede a verdade, e a graça, para que a natureza humana pudesse permanecer nela, saindo do politeísmo para a fé no Deus único, para que a humanidade, como um vaso sujo, mas lavado como água pela lei e pela circuncisão, pudesse receber o leite da graça e do batismo". A linguagem teológica sagrada utilizada pelo autor testemunha um profundo conhecimento das fontes teológicas; a escolha do díptico soteriológico "verdade e graça" não é apenas uma amplificação da retórica, mas também uma indicação exacta da verdadeira ortodoxia, *a verdade* sobre a qual se debruçaria o melhor teólogo russo (como P. Florensky), e *a graça,* entendida como uma expressão ulterior do amor de Deus, que se revela no apelo à fé dos russos, um povo "supérfluo", cuja necessidade, segundo a lógica terrena, para a propagação da religião cristã não é necessária O ethnos russo nasceu na base de uma antiga eclesiologia universal adaptada a uma Rússia que deveria assumir um papel muito mais vasto do que a independência nacional, nomeadamente a salvação do mundo.

A missão confiada ao "povo novo", afirma Hilarion na sua *Palavra,* é a de refundar a história da salvação: "E convinha que a graça e a verdade resplandecessem sobre o povo novo. Porque, segundo as palavras do Senhor, não se deita o vinho novo, a doutrina da graça, "nos odres velhos", que se tinham dilapidado no judaísmo, "senão os odres rebentam e o vinho escorre" (Mateus 9,17). Não tendo guardado a lei - a sombra, mas tendo adorado repetidamente os ídolos, como guardarão a doutrina da graça - a verdade? Mas uma nova doutrina - novos foles, novas nações! "E ambos são guardados" (Mateus 9:17). E assim se cumpre. Pois a fé da graça espalhou-se por toda a terra e chegou ao nosso povo russo. E o lago da lei secou. A fonte do Evangelho, tendo-se enchido de água e tendo coberto toda a terra, transbordou até aos nossos limites. E agora, com todos os cristãos, glorificamos a Santíssima Trindade, e a Judeia cala-se". Os russos formam assim um povo de graça "com todos os cristãos", com os quais se encontram em estado de igualdade absoluta e de dignidade comum, quase sincrónica, pois a única fonte da misericórdia divina não conhece sequência temporal. Assim, a santidade de Vladimir pode ser comparada à santidade dos próprios apóstolos, como atesta a significativa "lista" eclesiológica do Metropolita de Kiev, com a qual se abre a última parte da *Palavra,* especificamente destinada a louvar o príncipe: "Mas o país romano louva com voz de louvor Pedro e Paulo, por quem foram levados à fé em Jesus Cristo, o Filho de Deus; a Ásia, Éfeso e Patmos louvam João, o Teólogo, a Índia Tomé, o Egito Marcos. Todos os países, cidades e povos honram e glorificam cada um dos seus mestres, por quem lhes foi ensinada a fé ortodoxa. Louvemos também, na nossa fraqueza, mesmo com pequenos louvores, os grandes e honrosos feitos do nosso mestre e mentor, o grande príncipe da nossa terra, Vladimir. Nesta passagem, chama-nos a atenção não tanto a comparação pomposa de Vladimir com Pedro e Paulo, mas a ausência de qualquer menção a Constantinopla e à sua fundação por Santo André. Se, por um lado, podemos supor que isso é um dado adquirido, por outro lado, não podemos deixar de notar que o elogio coloca Vladimir ao nível dos Apóstolos, mesmo antes do imperador Constantino (por sua vez glorificado pela Igreja Ortodoxa como esapostolos, "igual aos Apóstolos"), mencionado abaixo. Quanto à lenda da fundação da capital bizantina pelo apóstolo André, estendida à narrativa da sua viagem à Rússia, às colinas de Kiev e mesmo a Novgorod, Hilarion deve tê-la certamente conhecido (é mencionada na introdução do Conto das Idades de Nestor), mas não a refere, nem se dá ao trabalho de a utilizar na *laudatio* do príncipe que conclui o seu sermão.

Não é por acaso que é a Rússia, no final da Idade Média, que vai introduzir um elemento completamente não convencional para o cristianismo ortodoxo, a saber, a autocefalia nacional, proclamada por Moscovo no final do século XVI. E este não é um pormenor que possa ser negligenciado, mas um fator determinante na comparação da Rússia com o resto do mundo cristão, exteriormente com Bizâncio, mas na realidade com o catolicismo romano. A Ortodoxia original não era de todo nacional, mas "ecuménica" e universal, literalmente "católica". O patriarcado bizantino não se baseava em elementos étnicos, mas tradicionais e históricos, ocupando o segundo lugar na "pentarquia" dos antigos patriarcas de Roma, Jerusalém, Alexandria e Antioquia, ou seja, os tronos episcopais que foram os protagonistas da evangelização do mundo cristão antigo, do Império Romano do Oriente e do Ocidente, do mundo sírio e egípcio, e de partes do Império Persa, até aos esporões indianos e da Ásia Oriental. A consciência da independência esteve presente na alma russa desde o início, desde a antecipação profética da nomeação do Metropolita Hilarion e das suas reflexões sobre o batismo da Rússia, e permaneceu sempre escondida, vindo à superfície apenas em ocasiões especiais. E assim é até hoje; as tensões entre Moscovo e Constantinopla surgem regularmente, sem nunca chegarem a uma verdadeira rutura.

CAPÍTULO 4

Uma longa noite oriental de alma asiática.

A segunda fase, que não podemos deixar de mencionar na nossa busca de elementos explicativos da comparação entre a Rússia e o Ocidente, é a dramática passagem medieval pelo "jugo tártaro", e precisamente numa altura em que a Europa latina estava a renascer depois de séculos negros de reinos bárbaros e opressão feudal. Após duzentos e cinquenta anos de cristianismo "recém-convertido", vivido de forma muito criativa e com uma capacidade especial para explorar formas de vida comunitárias e individuais, a Rus de Kiev desvaneceu-se e foi cortada da história mundial pela invasão dos tártaros vindos da Mongólia, permanecendo como uma espécie de lenda, um país onírico submerso nas águas escuras do lago das memórias originais. De facto, essa lenda surgiria vários séculos mais tarde, no contexto de outro episódio difícil da história russa, o cisma: o *Conto da Cidade Invisível de Kitezh*. O Conto de Kitezh, do século XVI, conta a história do príncipe Jorge de Vladimir, um santo mártir, um sofredor da batalha contra Khan

Batyi, que será morto pelos mongóis em Kitezh (supostamente situada entre Ryazan e Vladimir, que os mongóis tomaram de assalto em 1239, embora não existam provas históricas deste facto). Depois da batalha, o corpo do príncipe foi levado para ser sepultado na Catedral da Assunção, em Vladimir, e a própria cidade desaparece, mas, segundo a Crónica, "reaparecerá na segunda vinda de Cristo, após a derrota do Anticristo". A recetividade apocalíptica dos russos, já encorajada pela conversão ocorrida no final do primeiro milénio cristão, recebe neste caso um tremendo impulso que permanecerá para sempre, e continua a ser uma das principais categorias que definem a religiosidade russa, que antecipa incessantemente o "fim do mundo", seja revolução ou guerra de extermínio, à imitação da Rússia antiga, para quem o mundo acabou em 1240.

Durante o período de dominação asiática, o elemento religioso na Rússia parece ter quase desaparecido, ou melhor, foi congelado, no sentido em que os tártaros não impediram os russos de preservar a sua fé, mas privaram-nos da maior parte dos seus meios, destruindo os templos, os mosteiros e quase toda a civilização cristã de Kiev. No entanto, a Rússia deste período conserva a tradição ortodoxa original mais ou menos intacta, mas sob uma forma muito truncada, que se repetirá noutros períodos da história russa, períodos de solidificação cultural e religiosa. O mais próximo de nós e mais evidente é o período soviético, mais de setenta anos no século XX, que valem ainda mais do que os duzentos e cinquenta da Idade Média. As autoridades soviéticas perseguiram rigidamente a Igreja, que, no entanto, conseguiu sobreviver sob o manto da opressão, congelada no estado em que a revolução a apanhou. Depois do ano 2000, a Igreja Ortodoxa Russa reviveu, mas nos primeiros anos após a queda do comunismo, a única iniciativa cultural e religiosa foi a reimpressão sistemática de livros pré-revolucionários. A diáspora russa do século XX não teve realmente grande influência na vida interna da Rússia; deve ser vista mais como um fenómeno da vida religiosa no Ocidente. Um exemplo ilustrativo são as estruturas do Patriarcado de Moscovo no Reino Unido, dirigidas durante muitos anos pelo bispo Anthony Surozhsky, conhecido pelo seu nome inglês Anthony Bloom, um conselheiro espiritual muito apreciado em todo o mundo e praticamente desconhecido na Rússia durante o comunismo. A sua obra só começou a difundir-se na Rússia dois mil anos após a sua morte, enquanto um bispo foi enviado para Inglaterra em seu lugar para normalizar tudo o que Anthony tinha criado, ou seja, essa versão britânica eficaz da ortodoxia russa. Assim, em todo o mundo, a experiência dos exilados russos no Ocidente do século XX foi quase completamente apagada, e os russos modernos, mesmo fora do seu país, vivem de acordo com os cânones religiosos do início do século XX.

Este não é certamente o lugar para analisar todas as etapas da história da cultura russa. Entretanto, podemos constatar que a alma russa e a sua religiosidade se revelam por contraste, nunca são unívocas. É Bizâncio e não Bizâncio, o estabelecimento mas também o carisma, a graça mas também a restauração da lei, a graça cristã e ao mesmo tempo a ferocidade asiática. É o contraste entre o sofrimento e a beleza, ou a beleza que nasce do sofrimento, ou o sofrimento que dá origem a uma beleza mais profunda. Este tema é mais literário do que teológico, mas temos também um exemplo histórico, o batismo, que é uma experiência estética profunda (fruto do fascínio por Constantinopla), juntamente com o martírio de Boris e Gleb, causado pela traição e pela crueldade. De que nasce principalmente o cristianismo russo, do fascínio pela liturgia de Constantinopla ou do martírio voluntário de Boris e Gleb, os primeiros santos canonizados pela Igreja russa? Na verdade, nasce do contraste destes dois factores ou da sua síntese. Podemos falar do contraste entre liberdade e tradição; o martírio é uma escolha livre, o sofrimento voluntário é a expressão de uma liberdade total, de facto esta força asiática que pode suportar a destruição, é um exemplo de grande liberdade, a própria revolução é isso. Mas é também tradição, entendida no sentido da obediência estrita de Teodósio de Pechersk com a sua ordem de vida monástica muito pormenorizada, vê-se muitas vezes na religiosidade russa uma combinação de criatividade absoluta e da mais estrita obediência à tradição. Não se pode dizer que no Ocidente cristão não exista um contraste entre o espírito e o estabelecimento, mas na Rússia ele assume uma forma mais aguda. Recordemos o conflito entre o metropolita Filipe de Moscovo e o czar Ivan, o Terrível, que terminou com o martírio do metropolita, que se opunha à ideologia pseudo-religiosa do czar. E enquanto o metropolita é um modelo de liberdade, o czar recorre à violência para defender a tradição religiosa: uma espantosa inversão de papéis. Outro episódio, o cisma de meados do século XVII: o *Protopope* Avvakum, modelo dos cismáticos, defende a fé do povo russo contra o Patriarca Nikon, que impõe uma reforma litúrgica para restaurar a tradição grega, a beleza grega, e para isso recorre à violência da ditadura e ao abuso do poder estatal do czar. Avvakum defende a tradição popular e ignorante da ortodoxia, em que o sinal da cruz é feito com dois dedos, e torna-se um mártir da liberdade. Em certa medida, podemos também pensar em Pedro, o Grande, um ocidental extremo, que estabeleceu um cânone de beleza excecional, como a São Petersburgo que construiu, sem dúvida a mais bela cidade da Rússia, mas esta beleza, rigidamente imposta de cima para baixo, foi considerada estranha ao espírito russo original desde o início. Pedro tinha dois teólogos de Estado, um filo-católico (Estêvão Yavorsky) e um filoprotestante (Teófano Prokopovich), e recorreu a ambos. Podemos dizer que a religiosidade de Pedro era filoprotestante? Não só filoprotestante, mas também filo-católica, era uma combinação de ambas. Algumas décadas depois de Pedro, Catarina II, uma czarina de origem alemã, liberta a cultura russa e revitaliza-a, ao mesmo tempo que promove a preservação da ordem jesuíta e o renascimento religioso da Rússia ortodoxa. Nicolau I, o "gendarme da Europa", no século XIX, instaura a ordem após o período liberal de Alexandre I. E o que pensar dos eslavófilos e dos ocidentais, de que lado estão: do lado da liberdade ou da tradição? Os eslavófilos são tradicionalistas, mas propõem a teoria dos *sobornosti* eclesiásticos como liberdade em relação a todas as formas de autoridade, enquanto os ocidentais, os modelos da dissidência e os arautos da revolução, querem impor à Rússia um sistema nacional e racional. É extremamente difícil traçar uma fronteira entre eslavófilos e ocidentais, as suas posições por vezes sobrepõem-se e misturam-se; defender o ocidentalismo significa também afirmar a capacidade da Rússia para ser um país ocidental e vice-versa. As posições das duas tendências mudam no século XIX, consoante a década, o período. Depois vêm Dostoiévski e Tolstoi, o primeiro é a criatividade, o segundo é a racionalidade; no século XIX há Serafim de Sarov, um santo muito carismático, e no início do século XX destaca-se a figura de São João de Kronstadt, o fundador da monarquia ortodoxa, mais tarde varrida pela revolução. Poderíamos dizer que todos os aspectos da cultura religiosa russa devem ser considerados em conjunto com o seu oposto.

CAPÍTULO 5

A mística escatológica da Terceira Roma.

Outro acontecimento decisivo, que, na minha opinião, constitui o verdadeiro centro de gravidade de toda a história cultural da Rússia, é a chegada de Moscovo para substituir Bizâncio como o coração do cristianismo ortodoxo no final da Idade Média. Como é sabido, Constantinopla caiu em 1453; antes disso, em 1439, teve lugar o Concílio de Florença, o Concílio Uniata, no qual participaram dois bispos russos. Os seus destinos são eloquentes: o Metropolita Isidoro, depois do seu exílio na Rússia, dedicou-se à propaganda da Unia na Rússia ocidental. Abrahamius, que deixou nas suas memórias uma descrição entusiástica do renascimento florentino, passará de um desconhecido bispo de Suzdal a protótipo de uma figura patriarcal russa. Assim, por um lado, vemos a linha uniata; por outro lado, a direção da autocefalia russa será estabelecida em Moscovo, também porque a influência do Patriarca de Constantinopla, que devia nomear os metropolitas de Kiev, será cada vez mais enfraquecida pela invasão otomana. Os russos estão a estabelecer a sua própria autocefalia, que depois se transformará em independência total.

A autocefalia de Moscovo deu um impulso decisivo à concretização de um outro conceito eclesiológico, o uniata, nos territórios ocidentais: receosas do domínio arbitrário de Moscovo, algumas dioceses da Galiza (Ucrânia) proclamaram a União de Brest em 1598, submetendo-se à autoridade do Papa Romano e realizando em parte o velho sonho do Cardeal Metropolita Isidoro. Estes dois acontecimentos são, portanto, duas faces do mesmo fenómeno: a autocefalia é a solução encontrada pelos russos após um processo de autoconsciência iniciado pelo Concílio de Florença e pela queda de Constantinopla, enquanto a Unia é o resultado, presente também na autoconsciência russa, de um desejo de entrar no mundo ocidental. O Unia seria mais tarde adotado noutros territórios: pelos húngaros, eslovacos, romenos, búlgaros, sérvios e até na Grécia. Nestas Unias subsequentes, a propaganda da união concluída foi por vezes algo artificial, enquanto o verdadeiro Uniatismo, como conceito original, encontrou a sua expressão efectiva no mundo russo como uma variante da ideia de Moscovo-Terceira Roma, considerada não como a predominância de Moscovo sobre Roma, mas como uma forma de subordinação de Moscovo-Kiev a Roma. Seja como for, ambas as variantes, na minha opinião, devem ser consideradas em conjunto, na sua unidade e oposição.

Em 1453, dá-se a queda de Constantinopla, que a Rússia encara como um sinal de que chegou o momento histórico para a realização do seu destino histórico. De facto, a chamada doutrina "Moscovo-Terceira Roma" começou a difundir-se no final do século XV com a famosa mensagem do Hegúmeno Filoteu de Pskov ao Diácono Munechin. A expressão Moscovo-Terceira Roma parece ser a base ideológica do nacionalismo russo; de facto, Averintsev prova que é aqui que a christianitas russa encontra a sua forma final. Segundo Averintsev, a ideia de uma "terceira realidade" era um ideal global e antigo que precedia o próprio cristianismo; Roma era a própria "terceira Troia". Segundo a narrativa da Ilíada, a que Virgílio recorreu depois, Eneias fugiu de Troia com a espada de Heitor, fundou primeiro o reino de Alba Longa e depois a própria Roma. Ou poder-se-ia aplicar este conceito ao destino de Constantinopla, substituindo Alba Longa, então a "terceira Troia" seria a própria nova capital de Constantino. Troia era um reino que unia a Ásia e a Europa, a Grécia com territórios asiáticos. Troia era um império que ligava os mundos, Roma era um império que ligava os mundos. Há também uma versão que inclui Alexandria do Egito e o ideal "ecuménico" do Império Macedónio.

Partindo de modelos antigos, a direção Roma-Constantinopla-Moscovo exprime de novo o ideal de um império que une os mundos; no século XVI, Moscovo revela-se o único império cristão bicontinental livre de opressão. Em 1453, entre outras coisas, a Igreja romana vive uma profunda crise conciliar: Florença surge após uma série de conflitos entre papas e antipapas, num momento de divisão na Europa e, de facto, cinquenta anos mais tarde, haverá o cisma de Lutero. Além disso, Roma era considerada herética e Constantinopla tinha caído. Assim, a ideia de Moscovo-Terceira Roma é muito mais profunda e ampla do que o simples ideal de orgulho nacional. A profecia sombria de que "não haverá uma quarta Roma" exprime mais a ansiedade sobre o possível fim do cristianismo e a vitória do Anticristo do que a pretensão dos russos de obterem o direito exclusivo ao domínio cristão no mundo. Este é o ideal do universalismo salvífico, não do nacionalismo exclusivo.

Nos sonhos da "Terceira Roma" A Rússia aparece de novo como um "terceiro elemento", um elemento adicional na dimensão espiritual, na história religiosa. Se nos voltarmos para categorias como o Oriente e o Ocidente, vemos que a Rússia não é apenas a soma do Oriente e do Ocidente, mas também algo que nos ajuda a compreender melhor tanto o Oriente como o Ocidente. Assim, podemos falar de paganismo e cristianismo, uma dicotomia que tem persistido ao longo da história do cristianismo, que absorveu o paganismo antigo, reformulou-o e utilizou muitas das suas categorias. A Rússia fez o mesmo, mas, de certa forma, preservou esta coexistência, esta dupla alma. Também contém a dicotomia entre catolicismo e protestantismo, ou entre catolicismo e ortodoxia, em ambos os casos, a Rússia oferece-se como um terceiro elemento. Porque a Rússia é um país ortodoxo, que ao mesmo tempo assimilou muitos dos valores do catolicismo latino, e na sua história misturou um pouco as formas do catolicismo e do protestantismo; toda a dispensa eclesiástica introduzida por Pedro, o Grande, é uma organização protestante, a Igreja subordinada ao Estado à maneira protestante e não à ortodoxa, e a doutrina ensinada era principalmente escolástica latina, com algumas alterações ortodoxas.

Mesmo a nível temático, o cristianismo russo nasce da justaposição entre beleza e sofrimento, ou seja, entre um elemento absolutamente positivo e um elemento absolutamente negativo. Podemos citar aqui uma passagem de um dos maiores romances russos e mundiais, *Os Irmãos Karamazov de* Dostoiévski, um romance que é precisamente trinitário: três irmãos, três tipos humanos e religiosos que estão sempre a combinar-se, a sobrepor-se, a misturar os elementos positivos com os negativos. Ao apresentar as suas personagens na primeira parte do romance, Dostoiévski inclui imediatamente uma referência à história religiosa russa, uma vez que o terceiro irmão, Alyosha, foi noviço num mosteiro e discípulo do famoso ancião Zosima, narrando a sua vida, o escritor fala do monaquismo dos anciãos, que é um dos temas significativos do romance. Dostoiévski escreve que os anciãos e a própria ancianidade "apareceram nos nossos mosteiros russos muito recentemente, nem sequer há cem anos, enquanto em todo o Oriente ortodoxo, especialmente no Sinai e no Monte Athos, existem há muito mais de mil anos. Afirma-se que na Rússia já existia ou deveria ter existido um ancião nos tempos mais remotos, mas devido aos desastres da Rússia, aos tártaros, aos tumultos, à interrupção das relações anteriores com o Oriente após a conquista de Constantinopla, o estabelecimento deste foi esquecido no nosso país e os anciãos foram cortados. É este elemento que torna a Rússia tão "diferente" em comparação com outros países, esta alternância constante de quedas e renascimentos. E o período "conturbado" do início do século XVII foi o mesmo ponto de viragem, a mesma paragem que ocorreu no século XX com a União Soviética, e de cada vez a religiosidade russa renasce de uma nova forma.

Nesse esquema trinitário que imaginámos, o terceiro elemento, ou seja, a Rússia, deveria ser colocado no topo e não na base. Os próprios russos conhecem perfeitamente o Oriente e o Ocidente, mas não conseguem entender o que é a Rússia, a Santa Rússia, que na verdade não se refere ao grau terreno, mas sem qualquer dúvida ao grau celestial, daí os problemas que surgem. Por natureza, todo o russo é um místico, e não importa se é cristão ou ateu; talvez na Rússia nunca tenha havido ateus, mesmo no período soviético do ateísmo militante, que era ele próprio uma espécie de ideologia mística. Esta condição especial da Santa Rússia encontra-se no carácter peculiar da filosofia russa, cujo início é geralmente considerado como tendo sido estabelecido no século XIX pela disputa entre os eslavófilos e os ocidentais. Não há nada de verdadeiramente antagónico entre as duas correntes. Há uma frase de Alexei Khomyakov, o líder dos eslavófilos, que esgota o debate: "É impossível viver na Rússia, nós não conhecemos a Rússia". Gogol, por sua vez, escreve: "Há pouco conhecimento da Rússia entre os russos". Apenas as direcções em que estas duas correntes se movem diferem: os eslavófilos querem descobrir a Rússia, enquanto os ocidentais querem juntá-la ao mundo ocidental, mas a disputa em si não tem qualquer fundamento real. Na verdade, foi difícil para a Rússia encontrar vestígios da Santa Rússia no passado, e ainda mais difícil fazê-lo no século XIX; os eslavófilos, neste sentido, são metafísicos, herdeiros da ideologia de Moscovo-Terceira Roma. A Terceira Roma ainda não foi realmente concretizada; embora esta ideia seja a base da espiritualidade russa, é o elo mais fraco na organização do Estado russo. Exige que o Estado tenha um elevado nível espiritual para poder governar tanto o céu como a terra, mas nenhum governante russo se aproximou deste ideal. A raiva dos cismáticos dirige-se mais contra Pedro do que contra o Patriarca Nikon e a sua reforma litúrgica. Foi Pedro quem arruinou, com as suas acções, a ideia de Moscovo - a Terceira Roma. É interessante notar que os monárquicos russos do século XX, depois do comunismo, ao discutirem a forma de restauração do país, argumentavam que o mais próximo do esquema de Moscovo-Terceira Roma estava o último czar Nicolau II, mesmo que, do ponto de vista da compreensão geral da história russa, Nicolau II pareça ser uma figura muito mais fraca. A ideia de Moscovo-Terceira Roma é a mais metafísica ou contemplativa das definições de Rússia, tal como a própria ideia de Rússia Santa.

CAPÍTULO 6

A nova Roma de São Pedro

Desde a primeira eleição do petersburguês Vladimir Putin para presidente, em 2000, a que sucedeu o seu compatriota Dmitry Medvedev, a Rússia entrou, de certa forma, num novo período da sua história, ligado à cidade do Neva, que foi a capital do Império Russo durante dois séculos, antes de o centro do poder se transferir para a Moscovo soviética. Os petersburguenses gostam de repetir que a cidade báltica, com os seus espaços e edifícios, é um mapa metafísico das três Romanas: a Catedral de Nossa Senhora de Kazan é uma imitação da de São Pedro em Roma, a Igreja do Salvador sobre o Sangue é uma imitação da de São Basílio em Moscovo, a Ilha Vasilyevsky assemelha-se ao cabo de Santa Sofia em Constantinopla. São Petersburgo não tem um lugar óbvio no esquema russo das coisas; a cidade está envolta num nevoeiro metafísico. Os escritores russos abordam frequentemente este tema, Dostoiévski, Gogol, Pushkin: nenhum deles dá uma imagem positiva de São Petersburgo. Esta cidade atrai-nos para o lodo, para o nevoeiro, para o pântano. Esta cidade é famosa pelo facto de os lugares mais bonitos serem aqueles onde nos podemos perder, o que é um motivo de orgulho para os habitantes locais. Com a sua natureza metafísica, a sua a-topia, São Petersburgo mostra a impossibilidade de ligar o Oriente e o Ocidente.

São Petersburgo, no século XVIII, torna-se a capital ideológica da nova Rússia Ocidental, construída e decorada por arquitectos e artesãos franceses, italianos e alemães, como Domenico Trezzini, Bartolomeo Rastrelli, Carlo Rossi, Giacomo Quarenghi, August Montferrand e outros. Esta cidade fascina porque tem muito em comum com tudo, mas continua a ser única à sua maneira. É uma espécie de nova realidade, diferente do resto da Rússia pelo seu conceito arquitetónico, artístico e cultural especial, concebido apenas para a capital do novo império. É uma cidade literalmente erguida num lugar vazio, numa lagoa gelada perto do Círculo Polar Ártico, com um clima terrível. E, no entanto, surgiu com a pretensão de ser não tanto a "Terceira Roma", mas, de facto, a nova Roma, a nova cidade de São Pedro. Na Rússia, haverá sempre um conflito entre Moscovo e São Petersburgo, a antiga e a nova capital, o sul e o norte, como é típico de outros países. As duas capitais russas são, em última análise, duas versões diferentes da "Terceira Roma". Imediatamente após a queda do regime comunista, iniciou-se a reconstrução de Moscovo, que celebrou o seu 850º aniversário em 1997; a partir de 2000, com a chegada de Putin, todas as energias foram canalizadas para São Petersburgo, que, por sua vez, celebrou o seu terceiro centenário em 2003. Assim, no início da era pós-soviética, voltou a surgir um dualismo: à década de Moscovo seguiu-se a década de São Petersburgo, mas, como sempre, com uma inversão tipicamente russa: os anos noventa foram completamente abertos às influências ocidentais, enquanto os anos 2000 marcam o regresso a uma tradição ciosamente guardada contra essas mesmas influências. A capital do norte inspirou muitos dos grandes escritores russos, a maioria dos quais via São Petersburgo como um símbolo do mal, o centro do pecado, enquanto Moscovo e as províncias eram geralmente vistas como o berço da Santa Rússia, para onde se deve regressar e que se deve redescobrir após cada queda. Assim, as mudanças destes anos testemunham o facto de a Rússia estar de novo a tomar posse da sua alma, espreitando através das suas contradições e paradoxos.

CAPÍTULO 7

A IMAGEM DE ROMA NO PENSAMENTO RUSSO

São verdadeiramente muitas as influências culturais que constituem a história do pensamento russo, e não é nada fácil propor uma lista delas que corresponda ao grau real do seu desenvolvimento. A cultura russa pode ser pensada como uma forma de cristianismo bizantino tardio, que passou por uma violenta extrapolação asiática para emergir gradualmente de novo na cultura europeia, no Renascimento italiano, no Iluminismo francês e, finalmente, no Romantismo alemão, após o que mergulhou na ambiguidade revolucionária para enfrentar o pós-modernismo atual, equilibrando-se entre a restauração nacional e o sonho de um universalismo renovado. E, no entanto, há aquele fio vermelho que une todas estas voltas incessantes, aquele lugar de síntese a que a Rússia regressa constantemente como a margem do destino, a fonte e o resultado da sua própria história. E esse lugar é precisamente o mito ou a imagem de Roma. A cidade eterna, o reino universal, mas também o centro da vida espiritual, e o centro do poder supremo e não do poder terreno. Roma aparece sempre como pano de fundo de todas as hipóstases da criação russa, de Kiev como antiguidade perdida, de Moscovo como Roma apocalíptica chamada a salvar o mundo, da cidade de São Pedro erguida no topo da Europa para dominar o novo império da era moderna, do poder soviético libertando o mundo do fascismo e da opressão capitalista. A Roma de hoje é a Rússia, humilhada e insultada, que procura a sua própria redenção e que continua a tentar unir o Oriente e o Ocidente, salvando um do niilismo fanático e o outro do relativismo que conduz à autodestruição.

O mito de Roma e a filosofia da história

O mito de Roma é criado na Rússia, em primeiro lugar, como um mito religioso, com um significado escatológico e soteriológico, associado a uma interpretação especial da tradição cristã, percebida pela Rússia e repetidamente revista por ela, o que é claramente escrito pelo filósofo Nikolai Berdyaev na sua monografia *O Sentido da História:* "No cristianismo há um encontro e uma ligação das duas grandes correntes da história mundial e, ao mesmo tempo, um dos temas centrais e principais da história mundial é colocado e resolvido de uma nova forma: o tema do Oriente e do Ocidente. O cristianismo é o encontro e a união das forças históricas espirituais orientais e ocidentais. Sem esta ligação, o cristianismo é impensável. É a única religião mundial que, tendo o seu berço imediato no Oriente, é, antes de mais, a religião do Ocidente, reflectindo em si todas as caraterísticas do Ocidente.... Por Oriente não me refiro à

Rússia, porque a Rússia não é o Oriente puro, mas uma combinação peculiar do Oriente e do Ocidente. Isto cria toda a complexidade do seu destino histórico, mas, ao mesmo tempo, dá ao destino histórico russo um carácter diferente do destino não cristão dos povos do Oriente".

A queda de Roma, o colapso do mundo antigo, o acontecimento de Roma, único na história, foi redimido pelo cristianismo e deixou o desejo de recriar esse acontecimento, essa síntese imanente da história. É esta a tensão de toda a *christianitas* medieval, que culmina com a redescoberta do mundo antigo no Renascimento. Não foi dado à Rússia experimentar a alegria desta redescoberta da memória; ela é alcançada pelo Renascimento no momento da queda do mundo oriental, a Roma do Oriente. Por isso, recorda-nos Berdyaev, "criámos a partir da dor e do sofrimento; a nossa grande literatura baseou-se na grande dor, na sede de expiação dos pecados do mundo e de salvação. Nunca tivemos a alegria da criatividade excessiva. Lembrem-se de Gogol e de todo o carácter da sua obra. É um destino criativo doloroso e agonizante. O mesmo acontece com os dois maiores génios russos, Tolstoi e Dostoiévski. Toda a sua obra não é nem humanista nem renascentista. Todo o carácter do pensamento russo, da filosofia russa, do carácter moral russo e do destino do Estado russo traz em si algo de doloroso, oposto ao espírito alegre do Renascimento e do humanismo .... Este é o paradoxo extremo do nosso destino e alguma peculiaridade da nossa natureza. Somos dados a revelar, talvez mais agudamente do que os povos da Europa, a contradição e a insatisfação do humanismo médio.... Estas caraterísticas do Oriente russo denotam a sua missão peculiar no conhecimento do fim do Renascimento e do fim do humanismo. É à Rússia que é dado aqui descobrir e abrir algo, e é na Rússia que se exprime um pensamento particularmente agudo sobre os destinos históricos finais. Não é por acaso que nos cumes da religião russa
[6]o pensamento filosófico esteve sempre virado para o Apocalipse" .

Origens da Rússia: o desaparecimento da antiguidade

O principado de Kiev surge em meados do século X como um certo aglomerado de povoações tribais com dois centros urbanos dominantes (Kiev e Novgorod), controlando a norte e a sul a rota comercial "dos Varangianos aos Gregos". A direção histórica do desenvolvimento económico e político vai no sentido de Constantinopla, mas há também tentativas de penetração a partir do Ocidente, onde o Império Germânico tenta estabelecer uma continuidade cultural e política europeia, e o perigo

---

[6] BERDYAEV Nikolai, *The End of the Renaissance and the Crisis of Humanism,* Moscovo 2000, p. 122.

de invasão a partir do Oriente, onde várias tribos asiáticas exercem alternadamente pressão. Estas três alternativas, Bizâncio, Europa e Ásia, determinarão o nascimento do novo Estado e a formação da sua complexa identidade, também nos séculos seguintes. Os príncipes varangianos e russos, ainda incertos quanto à sua natureza e ao seu destino, foram inevitavelmente atraídos pelo poder e pela grandeza do Império Bizantino, que já tinha estendido a sua influência sobre os povos eslavos graças à missão de Cirilo e Metódio e, após as divisões que se seguiram, ganhou o controlo dos Balcãs e dos eslavos do sul. [7]Sob a liderança irreprimível dos imperadores macedónios, Bizâncio torna-se, no século X, "um verdadeiro império universal cuja influência e cujas ambições se estendem a quase todo o mundo civilizado". A conquista árabe põe efetivamente em causa os verdadeiros fundamentos do império, retirando-lhe toda a bacia mediterrânica, que tinha sido o berço da civilização grega, romana e cristã. A invasão súbita e completa das hordas maometanas no século VII foi para o Império Romano do Oriente um acontecimento semelhante à invasão bárbara do Ocidente no século V, e só através de uma política de expansão nos Balcãs, no Sul de Itália e nos países eslavos foi possível compensar parcialmente esta redução do império a uma província sitiada e reafirmar as pretensões universais de Constantinopla. Nas intrigas da corte imperial e patriarcal, o confronto com o papado romano foi por vezes utilizado como argumento para subir na escada palaciana do poder, o que se aplica também às conquistas missionárias nos territórios eslavos; neste ambiente, terá lugar a cristianização dos russos e, em meados do século XI, a rutura definitiva com Roma devido às ambições do patriarca Miguel Kerularius.

Assim, os russos entram na história cristã através do abismo do cisma, observando-a passiva e inconscientemente, no momento mais crítico da vida da Igreja universal, sem poderem mudar o seu destino. Acrescentam-se à lista das Igrejas do primeiro milénio, juntando-se à unidade católica do cristianismo antigo, mas, na realidade, pertencem à época posterior da desunião e da ortodoxia militante *(Slavia Orthodoxa)* de um cristianismo confuso e à procura de novas definições. Esta circunstância histórica objetiva está na origem do sentimento de eterna incompletude do cristianismo russo e da sua missão histórica: a última das Igrejas antigas ou a primeira das modernas? Herdeira do cristianismo original ou portadora de uma nova revelação? A dualidade histórica junta-se à dualidade geográfica do território, equilibrando-se entre o Oriente e o Ocidente, entre o universal e o particular, entre o passado e o futuro. A Rússia sentir-se-á sempre como um "terceiro elemento" da história, da cultura e da fé: um elemento inesperado, inexprimível, supérfluo, mas também surpreendente, criativo e absolutamente necessário. Não é por acaso que a fé

---

[7] DIEHL Charles, *Storia deU'impero bizantino,* Roma 1977, p. 62.

russa se concentrará, mais do que qualquer outra, no mistério da Santíssima Trindade.

Seja como for, a Rússia, sendo a "filha predileta" da Igreja bizantina, como os patriarcas de Constantinopla gostam de sublinhar, não está empenhada numa mera reprodução das categorias do cristianismo grego e, desde o início, não se limitou à mera assimilação das suas disposições e do seu estilo, embora lhe seja semelhante. Hoje, pela forma das cúpulas e pela saturação de cores dos ícones, distinguimos imediatamente a Igreja russa da grega, e a eterna tensão entre os hierarcas das duas Igrejas sublinha e, por vezes, dramatiza esta diferença. Os russos não se sentem filhos dos gregos e sublinham muitas vezes a sua singularidade em relação ao resto do mundo ortodoxo com uma força não menor do que quando comparados com o cristianismo latino, que por vezes os atrai por um certo número de caraterísticas semelhantes. A expressão principal desta identidade especial revelar-se-á num momento crucial da história russa com a ascensão de Moscovo, na sua aspiração a tornar-se a "Terceira Roma", o lugar de síntese escatológica de toda a história cristã, mas a origem desta ideologia deve ser procurada nas próprias raízes da evangelização da Rússia.

A escolha do Príncipe entre a ortodoxia e o ecumenismo

De acordo com as Crónicas, o Príncipe Vladimir tomou a decisão de ser batizado em resultado de acontecimentos militares e de conveniência política. Ao recém-batizado é oferecido um Credo especialmente composto e dogmaticamente detalhado, que é uma expressão de "ortodoxia militante", travando uma guerra constante contra os hereges; para além dos pormenores do dogma trinitário e cristológico, são enumerados sete concílios ecuménicos do período teológico sagrado, com as respectivas definições, o número de bispos que participaram e a lista dos que foram anatematizados. Em particular, Vladimir foi alertado para os erros dos católicos, que, no entanto, não diziam respeito a dogmas, mas à realização do serviço divino: "Não aceites a doutrina dos latinos, - a sua doutrina é distorcida: entrando na igreja, não te curves perante os ícones, mas, de pé, curva-te, e, tendo-te curvado, escreve a cruz no chão e beija-a, e, de pé, pisa-a com os pés, - de modo que, deitado, a beijam, e, de pé, a pisam. Isto não foi ensinado pelos Apóstolos; os Apóstolos ensinaram a beijar a cruz e a honrar os ícones". Nesta injunção, vê-se a distância entre a santa teologia, erguida como bandeira formal, mas completamente abstrata e afastada da prática da fé, e a tradição monástica bizantina posterior, centrada nas minúcias cerimoniais e na materialidade dos objectos de culto. A polémica contra os latinos, gerada pela diferença de sensibilidade ritual, culmina com outras censuras igualmente inesperadas, como o facto de, entre os católicos, "alguns padres servirem enquanto casados com uma só mulher e outros enquanto casados até sete vezes" e de, durante a missa, "também perdoarem pecados por ofertas". ignorando, na verdade, todas as causas clássicas das polémicas teológicas e eclesiásticas *(Filioque,* oração eucarística, pão ázimo, purgatório, celibato sacerdotal), que, antes e depois do batismo de Vladimir, seriam incessantemente discutidas nos tratados bizantinos sobre o assunto. Assim, a Rússia foi recrutada para uma guerra religiosa, cujas razões históricas e ideológicas não são explicadas, e que durante muito tempo não será abordada na literatura religiosa russa; além disso, pode dizer-se que os russos permanecerão bastante indiferentes em relação ao cristianismo ocidental pelo menos até meados do século XV, até ao período após o Concílio de Florença e a tomada de Constantinopla. O próprio cisma de 1054 não será aceite de forma apodítica na Rússia, o que, por exemplo, será encorajado pela "transferência de relíquias" de São Nicolau de Myra da Lícia para Bari em 1073, considerada pelos gregos como um roubo e um crime mortal. Os anais relatam a morte de Vladimir em 1015, glorificando-o como "o novo Constantino da grande Roma".

Um novo começo para a história cristã

Outro documento importante que nos ajuda a compreender o significado do batismo da Rússia e o espírito do cristianismo russo primitivo em geral é a *Palavra sobre a Lei e a Graça* do Metropolita Hilarion de Kiev, escrita por volta de meados do século XI. A sua *Palavra* é um panegírico ao Príncipe Batista, elevado e refinado no seu conteúdo teológico, no qual se exprime claramente a tese fundamental que forma a interpretação russa da fé cristã: o plano de Deus para a história do homem é o plano da salvação, que atinge a sua plenitude na Rússia, chamada a uma missão especial na realização desse mesmo plano.

Toda a história da salvação antes de Cristo, recorda-nos Hilarion, é uma preparação para a redenção cristã. A Lei era necessária para vencer a idolatria, da qual o próprio Vladimir era um feroz confessor: "Ele pôs a Lei em preparação para a Verdade e a Graça - para que a natureza humana se habitue nela, afastando-se do politeísmo idólatra, a acreditar num só Deus; para que, como vaso contaminado, o homem, lavado pela água, pela lei e pela circuncisão, receba o leite da Graça e do Batismo". A linguagem teológica sagrada utilizada pelo autor testemunha um profundo conhecimento das fontes teológicas; a escolha do díptico soteriológico "verdade e graça" não é apenas uma amplificação retórica do discurso, mas uma indicação precisa da verdadeira Ortodoxia, *uma verdade* sobre a qual se debruçariam os melhores representantes da teologia russa (como P. Florensky), e *a graça,* entendida como aquela expressão interior do amor de Deus, que se revela no apelo à fé dos russos, um povo "supérfluo", desnecessário segundo a lógica terrena da difusão da religião cristã, à fé de Deus. O Metropolita desenvolve depois o tema da superioridade dos cristãos sobre os "judeus", dando ao texto um tom grosseiramente antissemita. Não há dúvida de que se trata de um argumento válido do autor, e não há referências explícitas a uma possível interpretação anti-grega ou a uma interpretação no sentido de uma pretensão russa de superioridade sobre os outros cristãos em geral, mas, em todo o caso, os meios teológicos iniciais do desenvolvimento "eslavófilo" da teologia da história já estão sugeridos.

Uma eclesiologia sem precedentes: a autocefalia

A ideia de autocefalia, ou seja, a ideia de independência da Igreja de Constantinopla, permaneceria apenas um impulso de curta duração na Bulgária, que logo retornou a uma visão comum da oikoumene ortodoxa. Os russos voltariam a esta ideia com vigor na Idade Média, o que fez com que ela se tornasse mais tarde a chave de toda a eclesiologia ortodoxa moderna. Hoje, a Ortodoxia é um conjunto de Igrejas autocéfalas (cerca de catorze, dependendo do reconhecimento mútuo), dirigidas por patriarcas ou arcebispos "nacionais", em que o patriarca de Constantinopla desempenha um papel bastante simbólico e honroso, para além de gerir uma vasta diáspora mundial, completamente desvinculada de raízes territoriais. De facto, a Ortodoxia original não é de todo nacional, mas precisamente "ecuménica" e universal, "católica" no sentido literal da palavra. O patriarcado bizantino não se baseava em elementos étnicos, mas tradicionais e históricos, ocupando o segundo lugar na "pentarquia" dos antigos patriarcas, juntamente com Roma, Jerusalém, Alexandria e Antioquia, ou seja, os centros episcopais que foram protagonistas da evangelização do mundo cristão antigo, o Império Romano do Oriente e do Ocidente, bem como o mundo sírio e egípcio, partes do Império Persa até às pontas da Índia e da Ásia Oriental. A pentarquia era como a mão direita de Deus, com cinco dedos, que governava a única Igreja universal reunida para a Eucaristia onde quer que ela se realizasse canonicamente, ou seja, em torno de qualquer bispo cuja sucessão apostólica fosse reconhecida. Não havia uma definição pormenorizada do "território" canónico, muito menos do território eclesiástico nacional e, consequentemente, não havia "autonomia étnica" na Igreja antiga e santa, muito menos na Igreja própria de Bizâncio. A autocefalia foi obtida por Moscovo entre os séculos XV e XVI em circunstâncias muito especiais, numa altura em que o resto do mundo ortodoxo estava sob o domínio da Sublime Porta Otomana; e mesmo no próprio Império Turco, os ortodoxos não eram considerados um grupo étnico separado, mas um agregado ecuménico de "romanos", "romeus".

O poder otomano reconhecia a jurisdição civil e religiosa do patriarca de

Constantinopla sobre todos os ortodoxos reunidos em *millet a git,* "o departamento dos romanos". O czar russo era praticamente o único monarca ortodoxo independente, e a autocefalia de Moscovo durante séculos foi sustentada mais por esta situação política na Europa do que por motivações teológicas. No entanto, a consciência de independência existia na alma russa desde o início, desde a antecipação profética da nomeação de Hilarion e das suas reflexões sobre o batismo da Rússia, e permaneceu sempre latente, revelando-se apenas em circunstâncias especiais.

Esta missão foi confiada ao "novo povo", afirma Hilarion na sua *Palavra, a* missão de refundar a história da salvação: "E convinha que a Graça e a Verdade resplandecessem sobre as novas nações. Porque, segundo as palavras do Senhor, eles não deitam o vinho da nova e agradável doutrina nos odres velhos, que se dilapidaram no judaísmo: os odres rebentam e o vinho escorre. (Mateus 9, 17). Aqueles que não conseguiram aguentar a sombra da Lei, que adoraram tantas vezes os ídolos, como aguentarão a doutrina da verdadeira Graça! Mas nova doutrina em novos foles, novas nações: e ambos são salvos. E assim é. Pois a fé graciosa espalhou-se por toda a terra e chegou ao nosso povo russo. E o lago legalista secou, a fonte evangélica encheu-se de águas e toda a terra se cobriu, e a nós transbordou. De facto, nós, com todos os cristãos, glorificamos a Santíssima Trindade, e a Judeia está em silêncio. Os russos formam, portanto, um povo de graça juntamente "com todos os cristãos", com os quais estão em pé de igualdade absoluta e partilham com eles uma dignidade quase sincronizada, uma vez que a única fonte da misericórdia de Deus não conhece dimensão temporal. Assim, a santidade de Vladimir pode ser comparada à santidade dos próprios Apóstolos, como sublinha a importante "lista" eclesiológica do Metropolita de Kiev, que abre a última parte da *Palavra, a* parte dedicada ao louvor do príncipe: "Mas a terra romana louva com voz de louvor Pedro e Paulo, deles creram em Jesus Cristo, o Filho de Deus, a Ásia e Éfeso, e Patmos - João, o Teólogo. A Índia para Tomé, o Egito para Marcos. Todos os países, cidades e povos honram e glorificam cada um dos seus mestres que lhes ensinaram a fé ortodoxa. Louvemos também, de acordo com as nossas forças, com pequenos louvores, o grande e maravilhoso criado, o nosso mestre e mentor, o grande príncipe da nossa terra Vladimir". O que chama a atenção nesta sequência não é tanto a comparação pomposa de Vladimir com Pedro e Paulo, mas a ausência de qualquer menção a Constantinopla e à sua fundação por Santo André. Se, por um lado, se pode supor que é um dado adquirido, por outro lado, não se pode deixar de notar que, neste panegírico, Vladimir é colocado ao nível dos apóstolos, ou seja, acima do imperador Constantino (por sua vez glorificado pela Igreja Ortodoxa como esapostolos, "igual aos apóstolos"), que é depois mencionado no texto. Quanto à lenda sobre a fundação da capital bizantina pelo apóstolo André, estendida à narrativa da sua viagem à Rússia, às colinas de Kiev e mesmo a Novgorod, Hilarion deve certamente tê-la conhecido (é mencionada na introdução à Crónica de Nestor), mas não a menciona nem a aplica na *laudatio* do príncipe, que conclui o seu sermão.

CAPÍTULO 8

Rússia Universal: Moscovo, a Terceira Roma

No contexto do renascimento monástico e espiritual do século XV, ou seja, a saída da longa noite do jugo tártaro-mongol, a luta contra os primeiros hereges, os "judaizantes" e os "estrigolniks", e o reforço da identidade eclesiástica e teológica, a afirmação da relação fundamental entre a Igreja e o Estado, daí a profunda consciência ortodoxa russa com alma rebelde, em parte herética e em grande parte monástica, actuando como contrapeso, nasce a ideia de que Moscovo é a "Terceira Roma". Todos estes elementos concentram-se entre o final do século XIV e meados do século XV e acompanham a desintegração do Império Bizantino. Em 1453, dá-se a queda de Constantinopla; mas antes disso, em 1439, houve o Concílio de Florença, um concílio uniata em que participaram dois bispos russos. O seu destino fala por si: eram eles o bispo grego Isidoro de Kiev e um russo, Abraão de Moscovo. Na Rússia, o metropolita Isidoro era um fervoroso apoiante da Unia, que proclamou solenemente durante a liturgia na catedral do Kremlin, quando, pela primeira e única vez na história da Igreja russa, comemorou solenemente o Papa romano como seu pastor. Abrahamius, por outro lado, obedece a considerações de Estado. Assina a Unia, mas depois é impedido pelo Grão-Duque, que o obriga a mudar de ideias. Isidoro é primeiro preso e depois banido, sendo enviado para o Ocidente, onde se instala no mosteiro greco-católico de Kryptoferratic, perto de Roma, e se torna cardeal juntamente com outro bispo ortodoxo uniata, Vissarion de Niceia. Isidoro dedicar-se-á à promoção da Unia nos territórios da Rússia ocidental, ou seja, na Ucrânia, onde, em 1596, a Unia florentina será aprovada em Brest pela "Metrópole de Kiev, Galiza e Toda a Rússia". Assim, por um lado, vemos a direção uniata, enquanto em Moscovo se estabelecerá a linha da autocefalia russa, também porque a influência do Patriarca de Constantinopla, que devia nomear os metropolitas de Kiev, está a enfraquecer e a enfraquecer devido à invasão otomana. Os próprios russos estabelecem a sua autocefalia, que se transforma então em completa independência. A partir de 1453, dá-se a queda de Constantinopla e, na Rússia, este facto é tomado como um sinal de que passou a hora de concretizar o seu próprio destino histórico. De facto, a teoria da chamada "Moscova-Terceira Roma" começa a difundir-se no final do século XV, e encontrará a sua expressão inequívoca na mensagem do hegúmeno de Pskov Filoteu ao escrivão Munekhin, secretário da corte de Moscovo, no final do século XV (+1542), que percorrerá toda a Rússia, exprimindo a impressão generalizada, sobretudo nas comunidades monásticas, de que "a primeira Roma caiu, a segunda também, e não haverá quarta", ou seja, a terceira é definitiva. Esta expressão "Moscovo é a terceira Roma" parece ser a base ideológica do nacionalismo russo; mas, na verdade, Averintsev prova que é aqui que a christianitas russa se forma definitivamente. [8]Segundo Averintsev, a ideia da "terceira realidade" era um ideal antigo e global que precedia o próprio cristianismo; a própria Roma já era a "terceira Troia". Segundo a narrativa da Ilíada, a que Virgílio recorreu depois, Eneias fugiu de Troia com a espada de Heitor, fundou primeiro o reino de Alba Longa e depois a própria Roma. Ou poder-se-ia aplicar este conceito ao destino de Constantinopla, substituindo Alba Longa, então a "terceira Troia" seria a própria nova capital de Constantino. Troia era um reino que unia a Ásia e a Europa, a Grécia com territórios asiáticos. Troia era um império que ligava os mundos, Roma era um império que ligava os mundos. Há também uma versão que inclui Alexandria do Egito e o ideal "ecuménico" do Império Macedónio.

O último elemento decisivo, que é a conclusão desta fase após a epístola de Filoteu, encontra a sua expressão no reinado de Ivan IV, o Terrível. Neste período, o poder do czar foi posto ao serviço do messianismo da Rússia, um elemento original da cultura religiosa russa desde o tempo da *Palavra de* Hilarion, que é percebido como a "graça especial" da Rússia como a Terceira Roma, como a nação que salvará o mundo. Este tema permanecerá para sempre na consciência russa. Vladimir Soloviev também voltará a ele na sua *Lenda do Anticristo*. Ivan, o Terrível, é um monarca que reforça o Estado e organiza o Conselho de Stoglava de 1552, mas, sobretudo, proclama-se César, *czar*, e lança as bases da proclamação do patriarcado, subjugando o metropolita Filipe de Moscovo, que resiste à sua arbitrariedade. Ivan, o Terrível, derrota os tártaros, capturando Kazan e Astrakhan. A Rússia recupera das humilhações do jugo tártaro-mongol conquistando o Oriente, o que exprime a capacidade dos russos para conquistarem o mundo, para ganharem uma escala global. Existem também paralelos modernos com a conquista das fronteiras americanas. Na pintura de Surikov "A conquista da Sibéria por Yermak", os nativos da Sibéria são representados como os índios da América: os russos com armas e eles com arcos e flechas, uma espécie de "far west" russo, apenas virado para leste. Nós, italianos, como todos os europeus ocidentais, crescemos com o mito do Oeste Selvagem, mas, de certa forma, temos de admitir que o Oeste já tinha sido inventado pelos russos; hoje é o estrato ideológico que permite à América e ao Ocidente sentirem-se no direito de espalhar o seu modelo no mundo, mas a mesma mentalidade vivia nos russos que assumiram a tarefa de civilizar a Ásia.

A União de Florença foi também o destino da reforma medieval do papado, iniciada com a reforma gregoriana, cujo objetivo era elevar o papa acima de toda a autoridade, eclesiástica e civil. Este processo só se realiza em Florença, após uma longa "luta pela investidura" e um período de oscilação entre o papado e o movimento

---

[8] Ver Sergei AVERINTSEV, *Outra Roma,* Moscovo 2005, pp. 332-333.

conciliarista, o século XIV com o cativeiro de Avinhão, e numerosos antipapas, e toda uma série de tensões na Igreja Católica. Florença é a conclusão do Concílio de Basileia, mais tarde transferido para Ferrara e concluído em Florença. Começou por ser um concílio "conciliarista" e tinha como objetivo afirmar a supremacia do concílio sobre o papa, ultrapassando o cisma dos três antipapas. O Papa Eugénio IV aceitou formalmente as disposições conciliaristas, mas depois conseguiu enfraquecê-las, deixando os representantes mais radicais desta tendência em Basileia, e em Ferrara conseguiu fazer regressar o desvio conciliarista a uma direção muito mais "papista". A aliança com os ortodoxos, do ponto de vista do papa, foi motivada menos por um desejo ecuménico do que por um desejo de afirmar a capacidade do papa de unir toda a cristandade, de alguma forma re-subordinando os ortodoxos orientais ao primado papal. Ao contrário do Segundo Concílio de Lião, em 1274 (outro concílio uniata), o Concílio de Florença foi devidamente preparado. Discutiu todos os argumentos que dividiam as duas Igrejas, reunindo os melhores teólogos católicos e a grande maioria dos bispos ortodoxos, juntamente com José, Patriarca de Constantinopla, o único patriarca oriental na altura. A única questão que ficou sem discussão explícita foi a do primado romano, que o papa pretendia que fosse resolvida pela própria Unia, assinada por todos, primeiro os arménios e depois os gregos, incluindo os dois russos. Em meados do século XV, o papado tinha atingido o seu objetivo e tinha-se tornado, de certa forma, já não um centro dinâmico de estatuto eclesiástico ideal, mas, de certo modo, um reino terreno como os outros, embora conservando caraterísticas teológicas importantes. A grandeza da corte papal como a mais alta autoridade europeia estende-se desde o século XV até meados do século XVI e não é por acaso que a Reforma Luterana ocorreria neste período devido aos excessos mundanos do próprio papado. É interessante que, precisamente no momento em que Moscovo se sente herdeira de Constantinopla e adquire a consciência religiosa e nacional de uma potência independente, o papado atinge a sua expressão máxima de supremacia eclesiástica e política; este é um dos paradoxos que exprimem relações fundamentais na história. Assim começa não só uma comparação à distância entre Moscovo e Roma, mas também um intercâmbio ideológico e político entre as duas cortes.

CAPÍTULO 9

O chapéu de Monomakh sobre a Igreja-Estado.

O século XVI leva a Rússia ao reinado de Ivan IV, o Terrível, que durou mais de cinquenta anos, de 1533 a 1584, e marcou definitivamente a direção do seu desenvolvimento futuro. Ivan tornou-se príncipe aos três anos de idade, após uma fase convulsiva de sucessão, e em 1547, com 17 anos, tomou o poder nas suas próprias mãos, estabelecendo uma verdadeira ditadura. Durante a sua coroação, cujo rito foi preparado por Macário, metropolita de Moscovo, o príncipe de Moscovo foi pela primeira vez proclamado *czar*, que era a versão russa de "césar", imperador. O toucado asiático que, a partir de meados do século XIV, era oferecido aos príncipes de Moscovo, muito provavelmente uma oferta do Khan tártaro Yuri Dolgoruky ou Ivan Kalita, é solenemente designado por "barrete de Monomakh", graças a uma lenda especialmente elaborada no início do século XVI, segundo a qual pertencia originalmente ao imperador de Constantinopla, Constantino IX Monomakh, que por sua vez o ofereceu ao seu neto Vladimir II, príncipe de Kiev e neto de Yaroslav, o Sábio. Mais uma vez, a lenda da sucessão ligada ao toucado, tal como o "klobuk branco" de Novgorod, mostra o destino preparado para a Rússia desde a antiguidade, mas efetivamente aceite como uma nova era que se abre para a Rússia e para a humanidade. Ivan IV recebeu mensagens de felicitações de Maria Tudor e de Filipe II de Espanha, que o tratam por "o Grande Imperador".

Ivan, o Terrível, morreu em 1584 e, em 1586, foi eleito um novo metropolita Jó, durante o reinado do czar Fiódor, filho de Ivan do seu primeiro casamento, com Boris Godunov como regente. Para conter os excessos do cesarismo de Ivan, o programa imperial ortodoxo é aperfeiçoado com o estabelecimento da plena autocefalia eclesiástica. Assim, em 1589, foi formalmente instituída a primeira forma de autocefalia no seio da Ortodoxia: o Patriarca de Moscovo passou a ocupar o quinto lugar na "nova pentarquia" das Igrejas Orientais, substituindo apenas o trono romano (que, no entanto, ocupava o primeiro lugar). Isto transformou efetivamente a natureza da eclesiologia ortodoxa de ecuménica para étnica e, dado que as outras Igrejas Ortodoxas estavam sob o domínio dos turcos otomanos, é claro porque é que Moscovo tem sido considerada desde então não apenas um dos muitos patriarcados nacionais, mas a Igreja mais representativa de todo o mundo ortodoxo.

A autocefalia moscovita deu um impulso decisivo à realização de um outro conceito eclesiológico, o uniata, nos territórios ocidentais: receosas do domínio arbitrário de Moscovo, algumas dioceses da Galiza (Ucrânia) proclamaram a União de Brest em 1598, submetendo-se à autoridade do Papa romano e realizando em parte o velho sonho do Cardeal Metropolita Isidoro. Estes dois acontecimentos são, portanto, duas faces do mesmo fenómeno: a autocefalia é uma solução encontrada pelos russos após um processo de autoconsciência iniciado pelo Concílio de Florença e pela queda de Constantinopla, enquanto a Unia é o resultado de um desejo, também presente na autoconsciência russa, de entrar no mundo ocidental. O Unia seria mais tarde adotado noutros territórios: pelos húngaros, eslovacos, romenos, búlgaros, sérvios e até na Grécia. Nestas Unias subsequentes, a propaganda da união concluída foi por vezes algo artificial, enquanto o verdadeiro Uniatismo, como conceito original, encontrou a sua expressão efectiva no mundo russo como uma variante da ideia de Moscovo-Terceira Roma, considerada não como a predominância de Moscovo sobre Roma, mas como uma forma de subordinação de Moscovo-Kiev a Roma. Seja como for, ambas as variantes, na minha opinião, devem ser consideradas em conjunto, na sua unidade e nos seus opostos.

CAPÍTULO 10

A alma latina da Rússia moderna

Assim, a assimilação do mito de Roma pertence à história antiga e medieval da Rússia e aos fundamentos teológicos da sua imagem da Igreja e do Estado, embora só no século XVII a cultura latina tenha encontrado uma forma de penetrar profundamente na vida cultural da Rússia. Após a União de Brest, em 1598, foi criada no início do século a Academia Teológica de Kiev, alimentada sobretudo pela teologia dos jesuítas, que a partir do final do século XVI se tornaram um forte exército da Contra-Reforma católica e da nova difusão missionária do catolicismo. Foi durante o período da autocefalia e do uniatismo na Rússia e na Ucrânia que os jesuítas, enviados para estas terras para se oporem à Reforma Protestante, que tinha afastado quase completamente a Polónia do papado romano, se tornaram activos. A nova evangelização católica fez-se, sobretudo, através da cultura escolar e académica e do estudo da teologia baseada na escolástica do Segundo Tomismo do Concílio Tridentino, de que Roberto Bellarmino, jesuíta e o principal professor de teologia de toda a Europa do século XVII, seria o expoente máximo. A teologia de Bellarmino chegou a Kiev, onde já era ensinada em latim, mas foi traduzida para o russo e, sobretudo, sob a direção de Pedro Mohyla, metropolita de Kiev (1597-1647). Este, por sua vez, esforçando-se por difundir a cultura religiosa entre os seus fiéis, escreverá a *Confissão Ortodoxa, um* manual de teologia que não é mais do que uma reelaboração de Bellarmino, corrigida em certos pontos para se adequar à teologia ortodoxa nas questões controversas do purgatório, da Eucaristia e do papado, mas, no seu conjunto, muito fiel às ideias jesuítas. Este texto torna-se o livro de texto oficial da Academia de Kiev, sede de toda a direção da Igreja Ortodoxa Russa; no século XVII, Kiev é ainda um centro cultural que atravessa um novo período de relativa grandeza. A Ucrânia, no entanto, é ainda hoje uma fonte importante da vida espiritual da ortodoxia russa e o principal berço das vocações sacerdotais. De Kiev veio o escolasticismo latino, que continuou a ser o principal método utilizado pelos russos no estudo da teologia até meados do século XIX. Em S. Petersburgo, o metropolita Estêvão Yavorsky, chefe da nova instituição eclesiástica criada por Pedro, o Grande, no início do século XVIII, escreverá a *Pedra da Fé, que* permaneceu o texto oficial da teologia russa durante mais de um século, e que é, de facto, um desenvolvimento da teologia de Mogila e Bellarmino. Assim, as raízes da relação com o Ocidente estão profundamente enraizadas no solo russo, embora a Rússia permaneça culturalmente uma realidade independente, assimilando também, à sua maneira, a experiência ocidental.

O verdadeiro símbolo da reforma de Pedro, o Grande, foi sem dúvida a nova capital, que só pelo seu nome apelava à grandeza espiritual de Roma como "a cidade de São Pedro" e que, pelo seu nome alemão *Sankt-Peterburg*, se declarava como uma metrópole europeia emergente. A nova capital tornou-se um modelo da influência ocidental na Rússia, a sua "janela para a Europa".

São Petersburgo tornou-se a capital ideológica da nova Rússia Ocidental, construída e decorada graças a arquitectos franceses, italianos e alemães, como Domenico Trezzini (1670-1734), Bartolomeo Rastrelli (1700-1771), C. I. Rossi (1775-1849), Giacomo Quarenghi (1744-1817), August Montferrand (1786-1858) e outros. No entanto, surgiu com a pretensão de ser não tanto a "Terceira Roma", mas efetivamente uma nova Roma, uma nova cidade de São Pedro. As duas capitais da Rússia são, em última análise, duas versões da "Terceira Roma". Imediatamente após a queda do regime comunista, iniciou-se a reconstrução de Moscovo, que celebrou em 1997 o seu 850º aniversário; a partir de 2000, com a chegada de Putin, todos os esforços foram dirigidos para São Petersburgo, que por sua vez celebrou o seu terceiro centenário em 2003. Assim, no início da era pós-soviética, voltou a surgir um dualismo: à década de Moscovo seguiu-se a década de São Petersburgo, mas, como sempre, com uma inversão tipicamente russa: os anos noventa foram completamente abertos às influências ocidentais, enquanto os anos 2000 marcam o regresso a uma tradição ciosamente guardada contra essas mesmas influências. A capital do norte inspirou muitos dos grandes escritores russos, que viam São Petersburgo como um símbolo do mal, a sede do pecado, enquanto Moscovo e as províncias eram geralmente vistas como o berço da Santa Rússia, para onde se deve regressar e que se deve redescobrir após cada queda. Após a histórica vitória sobre Napoleão em 1812, que mudou completamente o curso das relações entre a Rússia e o Ocidente, a ideia ecuménica e "trinitária" do czar Alexandre I era organizar a Europa unindo os três impérios cristãos. O czar russo deveria liderar esta união única de nações e de Igrejas e, ao longo do século XIX, este sonho romântico seria alimentado sob diversas formas, apoiado pelo Papa, que via obviamente a Sé de Roma no centro desta união. De facto, em 1848, ano da agitação irredentista nos Estados europeus, o Papa Pio IX enviou uma mensagem a todos os patriarcas ortodoxos instando-os a aderir à Igreja Católica, que se tornaria a cabeça de uma Europa verdadeiramente cristã. A tentativa não foi bem sucedida e foi rejeitada sem consideração, mas mostrou a influência que a utopia russa tinha nas mentes europeias. O ideal da "Santa Rússia" já não se limitava aos confins da Moscóvia ou às brumas de S. Petersburgo, mas tornou-se um mito religioso, que se propagava também no Ocidente cristão. A autoconsciência russa impôs-se como um fator integrante nos debates sobre o destino da civilização mundial; foi este salto qualitativo que foi magistralmente demonstrado por Vladimir Soloviev, no final da "idade de ouro" da cultura russa, na sua teologia utópica da *Rússia e* da *Igreja universal,* onde propõe a ideia de uma teocracia espiritual como programa para reformar a Europa de acordo com o verdadeiro espírito cristão, a ser implementado sob a liderança do czar russo e a autoridade espiritual do Papa romano. Soloviev lançou as bases da chamada "sofiologia", o caminho místico da fé russa, que redescobre o dogma ortodoxo-católico na ideia do Homem-Deus. Em muitas das suas obras, como em *A Rússia e a Igreja Universal,* Soloviev repropõe a sua perceção estética como a raiz de uma fé mais profunda, a reunião de todos os cristãos numa única fé aceite nos seus primórdios universais.

Conclusão: Roma no terceiro milénio.

Omitimos deliberadamente, ou apenas mencionámos de passagem, a influência da imagem de Roma na grande cultura russa do século XIX e do início do século XX, por um lado para não sobrecarregar ainda mais o relatório, mas sobretudo para sublinhar a tese principal que queremos propor: a imagem de Roma no pensamento russo não é o resultado da influência ocidental, mas pertence ao estrato original da consciência religiosa e cívica do povo russo. Não se trata, portanto, de uma comparação estética ou literária, mas da própria razão de ser da nação russa, do seu lugar na história ao lado de outras nações. Com toda a incerteza do novo começo da história, que é simbolizado pelo advento do terceiro milénio cristão, o segundo milénio da história russa deve inevitavelmente retomar o seu caminho, baseado na imagem de Roma, a utopia universal do mundo cristão. E esperamos que essa utopia não dê origem a novos conflitos e a novas ditaduras monstruosas, não só na Rússia, mas em todos os países e em todas as latitudes.

I want morebooks!

Buy your books fast and straightforward online - at one of world's fastest growing online book stores! Environmentally sound due to Print-on-Demand technologies.

Buy your books online at
www.morebooks.shop

Compre os seus livros mais rápido e diretamente na internet, em uma das livrarias on-line com o maior crescimento no mundo! Produção que protege o meio ambiente através das tecnologias de impressão sob demanda.

Compre os seus livros on-line em
www.morebooks.shop